Arte-Educação no Brasil

Coleção Debates
Dirigida por J. Guinsburg

Equipe de Realização – Revisão: Vera Lúcia Bolognani e Angelica Dogo Pretel; Produção: Ricardo W. Neves, Sergio Kon, LuizHenrique Soares e Juliana P. Sergio.

## ana mae barbosa
# ARTE-EDUCAÇÃO NO BRASIL

PERSPECTIVA

CIP-Brasil. Catalogação-na-Fonte
Sindicato Nacional dos Editores de Livros, RJ

---

Barbosa, Ana Mae
    Arte-educação no Brasil / Ana Mae Barbosa. – São Paulo:
Perspectiva, 2012.
    136 p. ; 20,5 cm.  (Debates ; 139 / dirigida por J. Guinsburg)

    Bibliografia
    ISBN 978-85-273-0172-5

    I. Arte – Estudo e ensino – Brasil I. Guinsburg, J. II. Título.
III. Série.

05-3814                             CDD: 707

---

Índices para catálogo sistemático:
I. Arte-educação   707

7ª edição
[PPD]

Direitos reservados à

EDITORA PERSPECTIVA LTDA.

Av. Brigadeiro Luís Antônio, 3025
01401-000 São Paulo SP Brasil
Telefax: (11) 3885-8388
www.editoraperspectiva.com.br

2019

*Para João Alexandre e Frederico
que, vencendo o machismo pernambucano,
vêm permitindo que as tarefas profissionais
se sobreponham às de esposa e mãe.*

*Para Ana Amália,
pela cumplicidade.*

## SUMÁRIO

Introdução ......................................................................... II

1. Dos Preconceitos Contra o Ensino da Arte: Revisão do Século XIX............................................................
15
2. Inícios do Século XX: Realizações das Propostas Oitocentistas e Influência Americana......................... 31
3. A Influência do Liberalismo: Rui Barbosa ................ 43
4. A Influência do Positivismo ....................................... 65
5. Articulação entre Liberalismo e Positivismo ............ 77
6. A Experimentação Psicológica e o Ensino do Desenho. Liderança de São Paulo no Ensino Primário e Normal.................................................................... 97

Bibliografia .................................................................. II7

# INTRODUÇÃO

Este trabalho se propõe a refletir sobre as complexas relações culturais que influenciaram a metodologia do ensino da Arte, na escola primária e secundária (1º grau), no Brasil, na época compreendida entre a chegada da Missão Francesa e o Modernismo. O que se pretende é examinar as interferências das ideias filosóficas, econômicas, sociais, artísticas e educacionais, sobre os propósitos determinantes ou finalidades do ensino da Arte neste período, assim como a adequação dos métodos utilizados à natureza dos objetivos propostos.

Através de observações feitas durante os anos de 1974 e 1975 em aulas de Educação Artística em escolas públicas de 1º grau em São Paulo, constatamos que ainda persistem no ensino da Arte, métodos e conteúdos que se originaram no século XIX e que se afirmaram educacionalmente nos inícios do século XX.

Aliás, o século XIX, especialmente a década de 70, foi o período da História da Educação Brasileira em que a preocupação com o ensino da Arte (concebida como Desenho) se nos apresenta como mais extensa e mais aprofundada.

*11*

Um dos pressupostos difundidos na época, a ideia da identificação do ensino da Arte com o ensino do Desenho Geométrico, compatível com as concepções liberais e positivas dominantes naquele período, ainda encontra eco cem anos depois em nossas salas de aula e na maioria dos compêndios de Educação Artística, editados mesmo depois da Reforma Educacional de 1971.

Perguntando recentemente a uma professora de Educação Artística, que membros da Secretaria da Educação nos informaram ser uma das melhores da rede escolar estadual, por que continuava dando Desenho Geométrico em suas aulas de arte, ela nos respondeu que era a única forma dos outros professores e da maioria dos alunos valorizarem a disciplina.

Por que o alto *status* do Desenho Geométrico na nossa cultura educacional? Quais as raízes da identificação entre ensino de Arte e ensino de Desenho Geométrico?

O desenho de observação do natural, a rede estimográfica (processo de ampliação) e o livre deixar fazer são também práticas comuns em nossas escolas até hoje. Como surgiram? Por quê?

O método da livre expressão, por exemplo, que a maioria dos nossos professores tidos como vanguardistas tanto prezam e defendem radicalmente se originou no Child Movement dos Estados Unidos e da Pedagogia Experimental alemã, há quase oitenta anos atrás.

Como as influências da Pedagogia Experimental de Lay, Wundt, etc. atingiram a nossa Pedagogia? Escola Normal de São Paulo, que veiculou estas influências, como conseguiu operacionalizá-las em direção ao ensino da Arte?

Procuramos esclarecer estas questões no decorrer do texto com o objetivo de conscientizar o professor de Arte acerca das raízes de seus métodos, o que o auxiliará a refletir acerca da atualidade e da apropriedade destes métodos hoje.

Como frequentemente afirma Elliot Eisner, a função da história é explicar o presente.

Arte-Educação é uma área de estudos extremamente propícia à fertilização interdisciplinar e o próprio termo que a designa denota pelo seu binarismo a ordenação de duas áreas num processo que se caracterizou no passado por um acentuado dualismo, quase que uma colagem das teorias da Educação ao trabalho com material de origem artística na escola, ou vice-versa, numa alternativa de subordinação.

Daí parecer-nos importante a tentativa de detectar os momentos de preponderância desta ou daquela corrente filosófica, artística ou educacional sobre a prática da Arte na escola ou ainda os momentos de ação conjunta das diversas variáveis culturais sobre o ensino da Arte.

Uma reflexão neste sentido nos ajudará a tornar clara as novas e férteis tendências da Arte-Educação, no sentido de transformar o processo de aproximação dual num processo dialético, dando como resultado novos métodos de ensino da Arte, não mais resultantes da junção da Arte à Educação ou da oposição entre ambas, mas de sua interpenetração.

A principal dificuldade para a realização deste trabalho foi a ausência de fontes de informação, uma vez que não há nenhum estudo sobre a evolução do ensino da Arte na escola primária e secundária no Brasil[1], nem sequer um estudo mais geral sobre ensino da Arte em nível superior no século XX.

1. Uma das mais recentes e completas bibliografias relativas aos estudos educacionais brasileiros foi apresentada no Encontro Internacional de Estudos Brasileiros – 1º Seminário de Estudos Brasileiros, realizado em São Paulo de 13 a 25 de setembro de 1971, promovido pelo Instituto de Estudos Brasileiros da Universidade de São Paulo e dirigido pelo Professor Dr. José Aderaldo Castelo.

A bibliografia foi organizada pela bibliotecária da Faculdade de Educação, Marina dos Santos Almeida. Sobre Educação Brasileira no período colonial, 65 títulos estão relacionados, inclusive romances como o *Memórias de um Sargento de Milícias*, de Manuel Antonio de Almeida, autobiografias, obras de sociologia em geral, como *Sobrados e Mocambos de* Gilberto Freyre, e obras de História Geral do Brasil, como a de Varnhagen, onde se podem obter informações ou esclarecimentos acerca dos aspectos educacionais neste período. Há uma relação de 144 obras publicadas no período imperial sobre diversos aspectos da Educação como educação moral, feminina, educação física, jardins de infância, lições de coisas, etc.

São também relacionadas 48 obras de estudo e interpretação do período imperial, entre as quais há grande número de obras não específicas sobre Educação mas que fazem a ela referências, como *A História do Positivismo no Brasil*, de Ivan Lins. Sobre tendências da Educação Brasileira durante a República, estão relacionadas 210 obras em que se incluem 24 publicações do Ministério da Educação sobre diversos aspectos do ensino, estatísticas, anais de conferências sobre Educação, etc. O maior número de obras incluídas neste último título se refere à Educação Universitária, seus aspectos administrativos e legais.

Entre todas estas obras como vimos, classificadas em diversos títulos e cobrindo todos os períodos da evolução da Educação no Brasil,

As referências que se encontram sobre Arte na escola e seu ensino são pouco frequentes, esparsas e excessivamente gerais.

Mesmo aqueles que têm refletido com maior agudeza sobre nossos problemas educacionais quase sempre deixam de lado o ensino da ARTE.

Um exemplo bem característico desta atitude é representado pelo artigo de Roque Spencer Maciel de Barros, "O Ginásio da Utopia" que, escrito numa época de eclosão reformista no Brasil, teve grande repercussão. Nele o autor analisa o que deveria ser um ginásio ideal esquecendo-se, entretanto, de reservar um lugar à Arte no currículo da sua escola prototípica.

É, portanto, pelas origens do preconceito contra o ensino da Arte que iniciaremos nosso estudo, no sentido de procurar entender as razões do desprezo pelas funções da Arte na escola que caracteriza a evolução do pensamento pedagógico brasileiro, e do desinteresse dos artistas, mesmo alguns daqueles que se acham engajados no ensino da Arte, pelas reflexões metodológicas.

Agradecemos à Walter Zanini, Flávio Motta e Telê Porto Ancona Lopes pelas sugestões bibliográficas e pelo interesse que têm demonstrado pelas nossas pesquisas acerca de ensino da Arte. A Elza Mine Rocha e Silva agradecemos pela generosidade em permitir pesquisar sobre o Novo Mundo em seu arquivo particular.

A Ilka B. Laurito e Flavia da Silveira Lobo agradecimentos pela revisão da tradução (o texto foi escrito originalmente em inglês) e pela revisão da bibliografia e a Olimpio de Souza Andrade pelo interesse na publicação deste trabalho.

---

há somente uma que se refere ao ensino da Arte incluída no título: Estudos e Interpretações sobre o Período Imperial. É o livro de Ricardo Severo, *O Liceu de Artes e Ofícios de São Paulo*, publicação do Liceu de Artes e Ofícios de São Paulo, 1934.

# 1. DOS PRECONCEITOS CONTRA O ENSINO DA ARTE: REVISÃO DO SÉCULO XIX

Apesar da afirmação de Alceu Amoroso Lima de que o "brasileiro tem uma tendência natural muito maior para as artes do que para as ciências, para a imaginação do que para a observação"[1], o ensino artístico no Brasil só agora, e muito lentamente, vem se libertando do acirrado preconceito com o qual a cultura brasileira o cercou durante quase 150 anos que sucederam à sua implantação.

A organização do ensino artístico de grau superior antecedeu de muitos anos sua organização a nível primário e secundário, refletindo uma tendência geral da Educação Brasileira, envolvida desde o início do século XIX na preocupação prioritária com o ensino superior, antes mesmo de termos organizado nosso ensino primário e secundário.

Procurava-se justificar tal preocupação argumentando que o ensino superior era a fonte de formação e renovação do sistema de ensino em geral como um todo.

---

1. ALCEU AMOROSO LIMA. *Introdução à literatura brasileira*. Rio de Janeiro, Agir, 1956, p. 101.

Paulino de Souza, em 1870, dizia no Senado: "o ensino superior é fonte do ensino primário", "é universidade que faz a escola"[2]. Na realidade, entretanto, a importância prioritária dada ao ensino superior teve como causas principais, durante o reinado e o império, a necessidade de formar uma elite que defendesse a colônia dos invasores e que movimentasse culturalmente a Corte, enquanto que durante os primeiros anos da República, foi a necessidade de uma elite que governasse o país o que norteou o pensamento educacional brasileiro.

É fácil, portanto, entender porque as primeiras instituições de ensino superior foram as escolas militares, os cursos médicos e a Academia Imperial de Belas-Artes[3] durante o Reinado.

Com a preparação para a República, as faculdades de Direito passaram a ser consideradas as de maior importância no cenário educacional e foi onde se formou a elite dirigente do regime republicano.

Com a República foi reiterado o preconceito contra o ensino da arte[4], simbolizado pela Academia de Belas-Artes, pois esta estivera a serviço do adorno do Reinado e do Império, e com o dirigismo característico do espírito neoclássico de que estava impregnada, servira à conservação do poder.

Tal preconceito veio acrescentar-se aos inúmeros preconceitos contra o ensino da Arte sedimentados durante todo o século XIX, os quais se originaram dos acontecimentos que cercaram a criação da Academia Imperial de Belas-Artes, ou de elementos já assimilados pela nossa cultura mas que a atuação da Academia fez vir à tona.

Os organizadores da Academia de Belas-Artes, célula máter do nosso ensino de Arte, eram franceses, todos membros importantes da Academia de Belas. Artes, do Instituto de França, e bonapartistas convictos.

Lebreton, líder do grupo que posteriormente passou a ser chamado de Missão Francesa, era secretário perpétuo do Instituto de França e diretor da Seção de Belas-Artes do Minis-

2. BRASIL. Congresso. Senado Federal. *Anais*. Rio de Janeiro, 1870, p. 3.
3. Criada pelo Decreto-Lei datado de 1816, e que só começaria a funcionar em 1826.
4. "Os jornais da época comentam que o Império protegeu as Artes e a República relegou-a ao esquecimento". Cf. FLÀVIO MOTTA. "Visconti e o início do século XX". In: ROBERTO PONTUAL. *Dicionário das artes plásticas no Brasil*. Rio de Janeiro, Civilização, 1969, s.p.

tério do Interior daquele país, tendo-se ocupado, inclusive, de instalar no recém-criado Museu do Louvre (1793) o acervo resultante da vasta espoliação de Napoleão Bonaparte nos países conquistados.

Com a queda de Napoleão e a volta dos Bourbon ao poder, os bonapartistas do Instituto de França caíram em desgraça.

Por esta época, Alexander Van Humboldt (1769-1857), naturalista alemão que estivera no Brasil, recebeu do embaixador de Portugal na França a incumbência de contatar artistas e artífices franceses para organizar o ensino das Belas-Artes no Brasil e uma pinacoteca. Lebreton encarregou-se de reunir o grupo. Em março de 1816, chegaram ao Rio de Janeiro Joachim Lebreton (1760-1819), Jean-Baptiste Debret (1768-1848), Nicolas Antoine Taunay (1755-1830), Grandjean de Montigny (1776-1850), Auguste Marie Taunay (1768-1824), Charles Pradier (1786-1848), Francois Ovide, Sigismund Neukomm, Charles L. Levasseur, Louis S. Meunié, Francois Bonrepos, Jean Baptiste Levei, Pilite, Fabre, Nicolas M. Enout, Loris J. Roy e seu filho Hippolyte e Pierre Dillon com o objetivo de fundar e pôr em funcionamento a Escola Real de Ciências, Artes e Ofícios, instituição assim designada pelo decreto de 12 de agosto de 1816, mas que teve seu nome mudado para Academia Real de Desenho, Pintura, Escultura e Arquitetura Civil, pelo decreto de 12 de outubro de 1820. A designação foi novamente modificada para Academia de Artes um mês depois, pelo decreto de 23 de novembro de 1820, e para Academia Imperial de Belas-Artes em 1826, para finalmente, depois da proclamação da República, chamar-se Escola Nacional de Belas-Artes. Muitos destes artistas que para cá vieram eram famosos na época e receberam convites de outros países europeus para ocuparem cargos de professores (como aconteceu com Grandjean de Montigny e Debret, que foram convidados pela Academia de Belas-Artes de São Petersburgo), posições que recusaram para vir ao Brasil.

Talvez os animasse a equivocada ideia de que na longínqua América do Sul não os fosse alcançar a perseguição antibonapartista que assolou a Europa.

Entretanto, era Bonaparte nesta época, no Brasil, a figura mais agredida pelas publicações da recém-criada Imprensa Regia.

No período de 1808 e 1815, foram anunciados pelos livreiros do Rio de Janeiro cerca de oitenta e cinco textos que combatiam e denegriam o "terrível corso", os seus mais célebres generais e até mesmo os franceses em geral[5].

No Brasil, o ódio contra Napoleão Bonaparte tinha razões óbvias, pois Portugal – que estava subordinado à zona de influência da Inglaterra – sentira de perto a ameaça bonapartista. D. João VI, príncipe regente de Portugal, fora obrigado a fugir de seu país em 1808 e a se refugiar com alguns membros de sua corte no Brasil, onde permaneceu até 1821. O próprio D. João VI procurou fugir à responsabilidade pública de ter oficialmente patrocinado a vinda dos artistas franceses através das autoridades competentes em Paris, dando a entender, no decreto com o qual criou a Academia Real de Ciências, Artes e Ofícios, que visava aproveitar alguns estrangeiros beneméritos que procuravam a sua proteção. Aliás a atitude sempre ambígua de D. João VI frente aos problemas da Missão parece ter sido gerada em grande parte pelas pressões exercidas sobre ele pelo cônsul geral francês no Brasil, Coronel Maler, que havia sido incumbido pelo seu governo de vigiar a colônia de artistas franceses no Brasil sob pretexto de uma possível participação destes num suposto plano de fuga de Bonaparte para a América e numa suposta conspiração contra o governo argentino.

Portanto, a oposição política foi uma das influências na configuração do preconceito contra o ensino da arte no Brasil. Acrescente-se a ele o despeito dos portugueses, que não tinham ainda uma Academia de Arte de tão alto nível quanto a projetada por Lebreton para o Brasil.

Também um preconceito de ordem estética iria envolver os inícios do ensino artístico no Brasil. Todos os membros da Missão Francesa eram de orientação determinantemente neoclássica, a qual marcou seus ensinamentos e suas atividades artísticas na Corte.

Ora, nossa tradição era na época marcadamente barroco-rococó. As incursões da Arte Brasileira no neoclássico haviam sido esporádicas, como é o caso de Manoel Dias, o Brasiliense, e de Mestre Valentim. "De repente o calor do emocionalismo barroco era assim substituído pela frieza do intelectualismo do neoclássico"[6].

---

5. MARIA BEATRIZ NIZZA DA SILVA. *Linguagem, cultura e sociedade: o Rio de Janeiro de 1808 a 1821.* 1973. Tese (livre-docência) Fac. Filos. C. e Letras Univ. São Paulo, mimeograf., p. 267.
6. CARLOS CAVALCANTI. "O predomínio do academismo neoclássico. In: ROBERTO PONTUAL. *Dicionário das artes plásticas no Brasil.* Rio de Janeiro, Civilização, 1969, s.p.

Esta transição foi abrupta, e num país que até então importava os modelos da Europa com enorme atraso, a "modernidade"[7], representada pelo neoclássico, provocou suspeição e arredamento popular em relação à Arte.

As decorações públicas para as festas oficiais que começaram a ser feitas pelos mestres franceses, estavam em violento contraste com as características ingênuas das decorações barroco-rococó difundidas na época.

Aqui chegando, a Missão Francesa já encontrou uma arte distinta dos originários modelos portugueses e obra de artistas humildes. Enfim, uma arte de traços originais que podemos designar como barroco brasileiro. Nossos artistas, todos de origem popular, mestiços em sua maioria, eram vistos pelas camadas superiores como simples artesãos, mas não só quebraram a uniformidade do barroco de importação, jesuítico, apresentando contribuição renovadora, como realizaram uma arte que já poderíamos considerar como brasileira.

As novas manifestações neoclássicas, implantadas como que "por decreto"[8], iriam encontrar eco apenas na pequena burguesia[9], camada intermediária entre a classe dominante e a popular, e que via na aliança com um grupo de artistas da importância dos franceses, "operando por força do aparelho

---

7. *Id.* "Entre os estilos europeus que recebemos e adotamos o neoclássico foi o único que nos chegou contemporaneamente ao seu predomínio e expansão na Europa, ainda neoclássica quando desembarcavam no Rio de Janeiro os mestres franceses. Os papas da pintura neoclássica, por exemplo, estavam em plena atividade. Exilado, David pontificava agora em Bruxelas, Gros cuidava-lhe do atelier parisiense e Ingres, rapaz de vinte e oito anos começava a brilhar. Na escultura, Canova e Thorvaldeu eram sóis. Na arquitetura construía-se em Paris o Arco do Triunfo, Pereier e Fontaine continuavam operosos", s.p.

8. *Id.* "Quase poderíamos dizer que estávamos evoluindo artisticamente por decreto do governo", s.p.

9. Confirma a existência desta camada social ainda no Brasil Colônia (1750), NELSON WERNECK SODRÉ na *Síntese da história da cultura brasileira*, publicada no Rio de Janeiro, pela Civilização Brasileira, em 1972, p. 23: "Constitui peculiaridade do desenvolvimento brasileiro a precocidade do aparecimento de uma camada intermediária entre a classe dos senhores (de escravos e/ou de servos) e a classe dos escravos e/ou dos servos, isto é, o aparecimento da pequena burguesia. O processo que motivou tal resultado não foi desenvolvido apenas no Brasil colonial sendo normal nos países e regiões em que as relações pré-capitalistas tiveram vigência prolongada.

oficial de transmissão sistemática da cultura"[10] , uma forma de ascensão, de classificação[11].

O neoclássico, que na França era arte da burguesia antiaristocratizante foi no Brasil arte da burguesia a serviço dos ideais da aristocracia, a serviço do sistema monárquico. Entretanto, mesmo neste sentido a repercussão da Academia na comunidade foi pouco extensiva. Como diz Nelson Werneck Sodré, os discípulos eram pouco numerosos e recrutados com dificuldade. Continua ele: "Completam estudos na Europa, via de regra, e são dóceis acompanhantes dos modelos externos, reforçando, portanto, o traço essencial de transplantação e de alienação fundidos e confundidos"[12] . Este processo de interrupção da tradição da arte colonial, que já era uma arte brasileira e popular, acentuou o afastamento entre a massa e a arte, concorrendo para isto também uma variante de ordem psicossocial, ou seja o fato de que a "emotividade e o sensualismo do mestiço brasileiro encontravam no barroco formas mais próprias de expressão, suscetíveis de autenticidade[13].

Afastando-se a arte do contato popular, reservando-a para *the happy few* e os talentosos, concorria-se, assim, para alimentar um dos preconceitos contra a arte até hoje acentuada em nossa sociedade, a ideia de arte como uma atividade supérflua, um babado, um acessório da cultura.

Este aspecto, aliás, está implícito no Decreto de 1816, com o qual D. João VI criou o ensino artístico no Brasil, ao determinar a fundação no Rio de Janeiro de uma Escola de Ciências, Artes e Ofícios para que nela se

promova e difunda a instrução e conhecimento indispensáveis aos homens destinados não só aos empregos públicos de administração do Estado, mas também ao progresso da agricultura, mineralogia, indústria e comércio de que resulta a subsistência, comodidade e civilização dos povos, mormente neste continente, cuja extensão não tendo ainda o devido e correspondente número de braços indispensáveis ao aproveitamento do terreno, precisa de grandes *socorros da*

10. *Id*. p. 34.
11. *Id*. p. 24. "Eles encontram na atividade intelectual tanto de caráter político como de caráter estético condições de ascensão social de classificação que lhes são negadas em outros campos".
12. *Id*. p. 34.
13. C. CAVALCANTI. *O predomínio do academismo neoclássico*, s.p.

*estética* para aproveitar os produtos cujo valor e preciosidade podem vir a formar do Brasil o mais rico e opulento dos reinos conhecidos.

O texto legal caracteriza a Arte como um acessório, um instrumento para modernização de outros setores e não como uma atividade com importância em si mesma.

Mesmo como acessório da cultura e instrumento de mobilidade de classificação social, as atividades de caráter estético ligadas às artes visuais tiveram pouco prestígio em comparação com a larga e profunda aceitação das atividades estéticas ligadas à literatura[14].

O artista, categoria institucionalizada em nossa sociedade com a vinda da Missão Francesa, não desfrutava a mesma importância social atribuída ao escritor, ao poeta.

O grau de valoração das diferentes categorias profissionais dependia dos padrões estabelecidos pela classe dominante que, refletindo a influência da educação jesuítica, a qual moldou o espírito nacional, colocava no ápice de sua escala de valores as atividades de ordem literária, demonstrando acentuado preconceito contra as atividades manuais, com as quais as Artes Plásticas se identificavam pela natureza de seus instrumentos.

Este fora o modelo implantado pelos jesuítas, a cargo dos quais estivera a educação brasileira desde a época do descobrimento até 1759, quando foram expulsos do Brasil por razões político-administrativas.

Embora ausentes das atividades educativas, eram os ecos de suas concepções que orientavam nossa cultura quando aqui chegou D. João VI, e oito anos depois quando chegou a Missão Francesa, havendo mesmo quem afirme que suas influências ainda ressoam entre nós.

Isto se deveu ao fato de que nenhum sistema de ensino fora estruturado para substituir a bem organizada rede escolar jesuítica.

Expulsá-los não significou, portanto, expurgar o país de suas ideias, que continuaram a germinar em virtude da ausência de ideias novas que substituíssem aquelas veiculadas pela ação missionária e colonizadora dos jesuítas no Brasil.

Talvez esta polivalência e amplitude de ação, concentrada e executada através da atuação educativa – fenômeno que

14. N.W. SODRÉ. *op. cit.*, p. 23.

não mais se repetiria em nossa História da Educação –, tenha sido outra razão para a permanência das raízes jesuíticas.

Valorizando excessivamente os estudos retóricos e literários, separavam, a exemplo de Platão, as artes liberais dos ofícios manuais ou mecânicos, próprios dos trabalhadores escravos que, vindos da África, foram explorados no Brasil durante três séculos.

Os jesuítas antirreformistas, "restauradores do dogma e da autoridade"[15], inspirados na filosofia escolástica, modelavam suas regras pedagógicas em contrafações sucessivas da Paideia, já deturpada desde a época romana, quando se transformou no único ensino, embora tivesse sido idealizada para funcionar como primeiros passos para novos estudos.

A estrutura do ensino jesuítico se compunha de quatro cursos delineados no *Ratio Studiorum*, obra do Padre Geral Claudio Aquaviva publicada em 1599. No Brasil, o que mais se propagou foi o curso de letras humanas, dividido em três classes: gramática, retórica e humanidades que correspondiam ao *Trivium*, isto é, ao currículo das artes literárias ou letras da Paideia (gramática, retórica e dialética) ficando o *Quadrivium* ou currículo de Ciências quase inexplorado. As atividades manuais eram rejeitadas nas escolas dos homens livres e primariamente exploradas em função do consumo nas missões indígenas ou no treinamento dos escravos.

Em Portugal, o Marquês de Pombal (responsável pela perseguição aos jesuítas) planejou e fez executar uma reforma educacional que se concentrou na exploração dos aspectos educacionais nos quais fora omissa a ação jesuítica e numa renovação metodológica que abrangia as Ciências, as Artes Manuais e a Técnica.

Entretanto, no Brasil, até a vinda de D. João VI a Reforma de Pombal se tinha resumido a uma tênue renovação metodológica.

Em todo caso, isso permitiu uma abertura para que se delineasse uma nova colocação para o ensino da Arte, ou melhor, para o ensino do Desenho. O Seminário Episcopal de Olinda (fundado em 1800 por Azeredo Coutinho), que iria substituir o Colégio Real dos Jesuítas, incluía Desenho no currículo, matéria ensinada pelo Padre João Ribeiro Pessoa

---

15. FERNANDO DE AZEVEDO. *A cultura brasileira.* 3. ed. São Paulo, Melhoramentos, 1958, t.3, p. 25.

de Melo, o qual viria a participar da malograda revolução pernambucana de 1817 em prol da Independência.

Não sabemos quais os métodos empregados no ensino do Desenho, mas é indicativo de uma nova abordagem educacional sua inclusão no currículo, como também o é a criação de uma aula regia de Desenho[16] e figura em 1800[17]. Foi nomeado para regê-la Manoel Dias de Oliveira, o Brasiliense, que introduziu o modelo vivo no ensino do Desenho no Brasil, prática que iria ser muito explorada pela metodologia da Missão Francesa. É interessante notar que a introdução do *living model* nos EUA, 50 anos depois, por Thomas Eakins (1844-1916) na Pennsylvania Academy of Fine Arts, provocou forte reação social negativa, enquanto foi pacífica, no Brasil ainda colonial, sua implantação, principalmente porque neste tempo no Brasil a Arte tinha repercussão quase nula na sociedade, e também pela diferença de abordagem no tratamento do nu. Enquanto que Eakins revestia de realismo a expressão de seus modelos, Manoel Dias de Oliveira e seus alunos idealizavam o nu observado. A figura tornava-se apenas um ponto de apoio para a observação, e a imagem desenhada obedecia, não aos padrões vistos, mas aos padrões de beleza estabelecidos pelo código neoclassicista, com o qual Manoel Dias de Oliveira entrou em contato durante seus cursos na Itália.

Um cronista da época assim descreve uma aula de modelo vivo do pintor Manoel Dias de Oliveira: "o modelo era um homem branco, não muito jovem, descarnado e mesmo mal feito. Os alunos e o professor olhavam para o triste indivíduo, mas não o reproduziam sobre o papel, onde apareciam belas figuras que nada tinham com a imagem viva mas sim com a imaginação". Acredito que nada tinham com a imaginação no sentido em que hoje é concebida, mas a figura era produzida

---

16. "As aulas regias que se constituíram no primeiro tipo de ensino público eram classes esparsas e avulsas dadas por professores pagos pelo Governo que não obedeciam a nenhum plano estabelecido. Nelas se ensinavam matérias (filosofia, retórica, etc.) que mais constituem o remato do que as bases da instrução pública". Cf. RAUL BRIQUET. "Educação" (1500-1889). In: RUBENS BORBA DE MORAES. *Manual bibliográfico de estudos brasileiros*. Rio de Janeiro, Souza, 1949, p. 115.

17. Em sua: *Missão artística francesa e a Academia Imperial de Belas Artes*. ROBERTO PONTUAL aponta 1800 como a data de instalação da Aula Pública de Desenho e Figura, enquanto outros, como RAUL BRIQUET em sua *Educação* (*1500-1889*), p. 155, aponta 1808.

obedecendo ao conjunto de regras, ditadas pelos ideais de beleza greco-romanos. No pensamento de Kenneth Clark tínhamos o estudo do *nude*, não do *naked*.

Posteriormente a Academia Imperial de Belas Artes levaria adiante e mesmo enfatizaria esta atitude, ensinando seus alunos a trabalharem o corpo de acordo com um sistema de aperfeiçoamento matemático como Dürer ou Leonardo.

Nos casos brasileiro e norte-americano, a sociedade reagiria de acordo com os tradicionais padrões ocidentais vigentes até o advento do Impressionismo; o nu idealizado é arte; entretanto, se se aproxima mais diretamente do objeto, se o nu é tratado de modo a despertar no espectador ideias ou desejos apropriados ao assunto material, é falsa arte e má moral.

Antes da chegada de D. João VI, a reforma pombalina, no que toca ao desenvolvimento da ciência, centralizara-se na criação de aulas públicas de geometria. Em 1771 e 1799 são criadas respectivamente as cadeiras de Geometria na capitania de São Paulo e na capitania de Pernambuco. Podemos inferir o modo como a sociedade colonial acolheu estes novos estudos através de uma rápida análise dos editais de criação da cadeira em São Paulo.

Em 23 de janeiro de 1771, foi publicado um edital *convidando* os interessados a se inscreverem na aula de Geometria, recém-criada no Convento de São Francisco; mas em outubro do mesmo ano há um outro edital que *ordena* que todos os estudantes e pessoas conhecidamente curiosas entrassem na aula que se havia de abrir para o ensino de Geometria, com a pena de sentar praça de soldado pago para os que não cumprissem com essa determinação[18].

O apelo a formas coercitivas para obrigar o público a se integrar aos novos modelos educacionais revela a apatia e desinteresse que despertaram os esparsos reflexos da reforma de Pombal na colônia, que só iriam atingir mais intensa e extensivamente a sociedade brasileira com a transferência de D. João VI, para o Brasil (1808).

A partir daí, o esforço do recém-criado reinado centralizou-se no desenvolvimento das profissões técnicas e científicas,

---

18. Cf. *Documentos interessantes*, 33:35. Edital de 2.10.1771.

numa ofensiva manifestação contra as tendências e características da instrução colonial que deixou a sociedade desarmada de quadros capazes de promover, pelos fundamentos econômicos, a sua reconstrução[19].

No que diz respeito ao Desenho, foram criados cursos de Desenho Técnico em 1818, no Rio de Janeiro, e em 1817, em Vila Rica e na Bahia, que não tiveram grande sucesso.

A tradição enraizada no sistema de ensino colonial humanístico e abstrato foi tão persistente que as escolas técnicas fundadas no tempo de D. João VI não determinaram quaisquer transformações sensíveis desta mentalidade, reorientando-a para as ciências e as suas aplicações às atividades técnicas e industriais[20].

Exemplo típico da reação às atividades manuais, mecânicas e técnicas, foi o episódio que envolveu a Missão Francesa, a qual para cá viera a fim de organizar a Escola Real de Ciências, Artes e Ofícios, baseada no plano de Lebreton, de objetivos primordialmente técnicos e, seguindo os moldes da experiência parisiense de Bachelier, voltada para o ensino dos ofícios artísticos e mecânicos. O núcleo de ensino que fundaram quando começou a funcionar tinha entretanto outro nome: Academia Imperial de Belas-Artes. A diversidade de designação não foi apenas nominal, mas refletiu uma mudança de conteúdo, de objetivos programáticos.

A escola, que pretendia corroborar na empresa lançada por D. João VI de estabelecer as bases de uma política economicamente cultural mais pragmática, transformou-se apenas no veículo de um interesse de outra natureza: arranjar uma nobreza da terra, que, obviamente, como dizia seu filho Pedro, "não era nobreza mas tafetá"[21].

Uma orientação predominantemente artística substituiu os planos anteriores, o que, dada a indigência de nossa cultura, espantava os viajantes estrangeiros que, como Von Martius, chamavam a atenção para a ilogicidade de se querer ensinar Belas-Artes num país onde faltavam os alicerces de civiliza-

19. F. AZEVEDO, *op. cit.*, t. 2, p. 55.
20. *Id.*, p. 55.
21. *Apud* AMÉRICO JACOBINA LACOMBE. Os cronistas da época de D. João VI. *Revista do Instituto Histórico e Geográfico Brasileiro*, Rio de Janeiro, 279:113, abr/jun. 1968.

ção e também de economia que lhe eram necessários[22], refletindo com esta observação uma concepção da arte como adorno. Somente a revolução russa de 1917 viria provar que a reconstrução da Arte e a reconstrução econômica, são polos essenciais para uma reconstrução social que se pretenda dialética.

Restou à Arte apenas o caminho estreito e pouco reconhecido de se firmar como símbolo de distinção e refinamento, e este foi na prática aberto pelo próprio D. João VI, quando transpôs para o Brasil o hábito das cortes europeias de incluir as Artes na Educação dos príncipes.

Aqui chegando, contratou o pintor francês Pallière para professor de Desenho e Pintura da Sereníssima Princesa e do Príncipe de Beira, assim como depois D. Pedro I veio a nomear para mestre de seus filhos o pintor Simplício Rodrigues da Silva (ou Sá?). Nestes moldes as Artes, isto é, a Pintura e o Desenho, foram incluídas no currículo do Colégio do Padre Felisberto Antonio Figueredo de Moura, fundado no Rio de Janeiro, em 1811, destinado a rapazes. Entretanto, as iniciativas de D. João VI no campo do Desenho Técnico, Agricultura, Veterinária e Economia não chegaram a atenuar o "horror ao trabalho manual" sedimentado pelo "sistema jesuítico de ensino literário e retórico", o qual motivou a propensão discursiva da inteligência brasileira. Outras causas, como a exploração do trabalho escravo e a falta de atividades industriais, também contribuíram para a desvalorização das profissões e estudos ligados às atividades de tipo manual ou à técnica[23].

Uma vez que a arte como criação, embora atividade manual, chegou a ser moderadamente aceita pela sociedade como símbolo de refinamento, quando praticada pelas classes abastadas para preencher as horas de lazer, acreditamos que, na realidade, o preconceito contra a atividade manual teve uma

---

22. *Apud* MÁRIO BARATA. "As artes plásticas de 1808 a 1889". In: SERGIO BUARQUE DE HOLANDA. *O Brasil monárquico*. São Paulo, Difusão Europeia do Livro, 1967, p. 413.

23. F. AZEVEDO, *op. cit.*, t. 2, p. 47: "A ausência quase completa de indústrias, a rotina da nossa cultura e da exploração industrial do açúcar e o caráter elementar das atividades do comércio, não criando necessidades de especialização profissional nem exigindo trabalho tecnológico de mais alto nível, contribuíram com outros fatores para desvalorizar as funções manuais e mecânicas exercidas por artesãos, escravos e libertos".

raiz mais profunda, isto é, o preconceito contra o trabalho, gerado pelo hábito português de viver de escravos.

Daí o fato de o preconceito contra a Arte ter-se concentrado na Arte aplicada à indústria, na Arte como trabalho, durante as sete primeiras décadas do século XIX, quando um quarto da população do país era composta de escravos. O texto de Felix Ferreira[24], que se segue, é bem significativo a este respeito:

> Duas têm sido as principais causas que muito têm concorrido para o vergonhoso atraso em que se acham entre nós as artes industriais; a primeira provém da falta de vulgarização do desenho, a segunda desse cancro social que se chama escravidão.
>
> O homem livre, ignorante em matéria de arte, vendo-a exercida pelo escravo, não a professa porque teme nivelar-se com ele, e o escravo, mais ignorante ainda, tendo à arte o mesmo horror que vota a todo trabalho, de que tira proveito por alheio usufruto, não procura engrandecer-se, aperfeiçoando-a.
>
> O venerando patriarca de nossa independência, José Bonifácio de Andrada, quando em 1823 apresentou à Assembleia constituindo o primeiro dos nossos projetos sobre abolição do elemento servil, projeto esse que foi traduzido e publicado em inglês pelos abolicionistas dessa nacionalidade, considerava a escravidão como barreira insuperável ao desenvolvimento da agricultura e artes industriais. "O homem livre", escreveu alguns anos mais tarde o Visconde de Cairu, "jamais se põe a par do escravo, a infinita distância de estado os repele de toda racional aliança e parceria. Por isso onde se acha estabelecida a escravidão, o trabalho da agricultura e artes fica desonrado, como única ocupação de cativos".

Continuando, afirma Felix Ferreira que os estrangeiros que professavam uma arte ou ofício e dela tiravam o sustento em seus países de origem, trocavam-nas no Brasil pelo comércio, para não se ocuparem de atividades em que o escravo tinha livre acesso. Acrescenta ainda:

> Os escravos entre nós são empregados não só nos mais pesados ofícios e serviços secundários das fábricas, mas também nas artes mais delicadas e indústrias mais apuradas, como o fabrico dos chapéus, joias, móveis, nas casas de modas, tipografias, etc.

24. FELIX FERREIRA. *Do ensino profissional*. Rio de Janeiro, Liceu de Artes e Ofícios, s.d., p. 23-25.

Arredar tão desvantajosa concorrência das fábricas e oficinas é uma das medidas mais úteis que se pode tomar em favor do desenvolvimento da indústria nacional, como também de não maior alcance é propagar o ensino artístico pelas classes operárias.

Isto foi tentado por Araújo Porto Alegre, que procurou estabelecer a ligação entre a cultura de elite e a cultura de massa, quando ocupou a diretoria da Academia Imperial de Belas-Artes (1855). Pretendia sua Reforma da Academia, conjugar no mesmo estabelecimento escolar duas classes de alunos, o artesão e o artista, frequentando as mesmas disciplinas básicas, como se comprova com o artigo 78 do título VIII do Regulamento de 1855:

As aulas de Matemática Aplicada, de Desenho Geométrico, de Escultura de Ornatos, que fazem parte do ensino acadêmico, têm por fim também auxiliar os progressos das Artes e da Indústria Nacional.

Continuando no artigo 79:

Haverá sempre nestas três aulas duas espécies de alunos, o artista e os artífices, os que se dedicam às Belas-Artes e os que professam as Artes Mecânicas.

A formação do artista era, entretanto, alargada com outras disciplinas, inclusive de caráter teórico, especializando-se o artífice nas aplicações do desenho e na prática mecânica, de acordo com o artigo 18 Secção II:

A aula de Desenho Geométrico será dividida em duas séries, a primeira complementar da cadeira de Matemática (frequentada por todos os alunos) e a segunda de aplicações do mesmo desenho à indústria, conforme a profissão ou destino dos alunos.

Baseando-se no ideário romântico, pretendeu Porto Alegre uma revigoração da educação elitista que vinha tendo lugar na Academia Imperial de Belas-Artes através do contato com o povo.

A Reforma de Araújo Porto Alegre, embora de caráter ideológico diverso representou um reencontro com o programa inicial de Lebreton para a Escola de Ciências, Artes e Ofícios.

Foram criadas algumas cadeiras novas e os estatutos estabeleciam detalhadamente o conteúdo de cada uma das cadeiras.

Esta utilíssima inovação constituía um grande avanço no sentido de uniformizar o ensino e evitar a dualidade ou repetição de ensino proporcional em cadeiras afins[25].

Entretanto não foram feitas modificações quanto à natureza dos métodos.

O desenho figurado, por exemplo, na primeira série continuou a ser cópia de estampas, método introduzido pela pedagogia neoclássica, isto apesar do espírito romântico de que Porto Alegre estava impregnado. Araújo Porto Alegre foi um dos primeiros e mais importantes escritores (poesia e teatro) românticos do Brasil. Na pintura, entretanto, continuou debatendo-se dentro dos princípios neoclássicos, nos quais tinha sido instruído pelos mestres franceses, conseguindo apenas um abrandamento da rigidez de tais princípios.

Aliás, é comum na evolução da cultura brasileira que a renovação da Arte Visual ocorra como decorrência da evolução literária, representando muitas vezes uma ilustração visual da literatura. Porto Alegre ultrapassou a barreira do Academismo na Literatura, mas não nos aspectos formais da Pintura, embora tivesse ido além no campo das ideias acerca de Arte, chegando mesmo a se perguntar:

O novo sistema de educação artística ordenado pela Reforma preencherá os seus fins ou será necessário um novo método?

Acredita-se que não chegou a renová-los intensamente porque, dadas as dificuldades para a implantação da Reforma, somente permaneceu na direção da Academia Imperial de Belas-Artes durante três anos.

A permanência dos velhos métodos e de uma linguagem sofisticada continuou mantendo o povo afastado, tornando a inclusão da formação do artífice junto ao artista uma espécie de concessão da elite à classe obreira, clima este que, por um processo inverso de excessiva simplificação curricular, envolveu também os cursos noturnos criados posteriormente na

25. ADOLFO MORALES DE LOS RIOS. *O ensino artístico no Brasil no século XIX*. s.n.t., p. 236.

Academia para formação do artesão (1860), e que se simplificaram excessivamente e se reduziram a um mero treinamento profissional com a eliminação dos estudos "preparatórios".

Criado em 1856 com o específico objetivo de "fomentar a educação popular pela aplicação da Arte às indústrias"[26], o Liceu de Artes e Ofícios de Bethencourt da Silva mereceu um grau maior de confiança das classes menos favorecidas, como atestou de pronto o grande número de matrículas. Apesar disso, como diz Rui Barbosa, "peregrinou, lutou, esmolou, durante longos anos"[27].

Somente com a abolição da escravatura iniciou-se o processo de respeitabilidade do trabalho manual. Isto coincidiu com a primeira etapa de nossa revolução industrial, que consistiu na substituição do trabalho físico pelo trabalho mecânico, invertendo os polos pré-conceituais.

As Belas-Artes que até aquele momento, ou melhor, até o momento da eclosão das lutas contra a escravatura[28], haviam desfrutado um pouco de consideração social por serem vistas como

uma prenda, um luxo, um passatempo de ociosos, um requinte de distinção reservado ao cultivo das classes sociais mais ricas ou à vocação excepcional de certas naturezas para as grandes tentativas da Arte[29],

continuaram a ser vistas sob este mesmo ângulo, mas por isso mesmo desprezadas como inutilidade, ao passo que as Artes aplicadas à indústria e ligadas à técnica começaram a ser valorizadas como meio de redenção econômica do país e da classe obreira, que engrossara suas fileiras com os recém-libertos.

Enfim, é sob o signo da argumentação para demonstrar e firmar, na Educação primária e secundária, a importância da Arte, ou melhor do Desenho como linguagem da técnica e linguagem da ciência, que se inicia o século XX.

---

26. F. DE AZEVEDO, *op. cit.*, t. 2, p. 223.
27. *Id. ibid.*, p. 228.
28. "Somente em 1865 a abolição começou a figurar no número das reformas legislativas possíveis. Sua marcha foi desde então rápida". Cf. OLIVEIRA LIMA. *Formação histórica da nacionalidade brasileira*. Rio de Janeiro, Cia. Edit. Leitura, 1944, p. 252.
29. RUI BARBOSA. *A reforma do ensino primário*. Rio de Janeiro, Ministério de Educação e Cultura, 1947. v. 10, t.2, p. 135.

## 2. INÍCIOS DO SÉCULO XX: REALIZAÇÕES DAS PROPOSTAS OITOCENTISTAS E INFLUÊNCIA AMERICANA

A escola brasileira procurou acompanhar as mudanças sociais provocadas pela Abolição (1888) e pela República (1889). Este processo de mudança, porém, foi tão lento, que alcançou o século seguinte. Diríamos mesmo que as duas primeiras décadas do século foram quase exclusivamente dedicadas a um emparelhamento das instituições educacionais com as novas ideias que, surgidas no século XIX, prepararam e executaram a Abolição e a República. Nos inícios do século XX, pelo menos até o final da Primeira Guerra Mundial, tivemos um prolongamento das ideias filosóficas, políticas, pedagógicas e estéticas que embasaram o movimento republicano de 1889, refletindo-se sobre objetivos do ensino da Arte na escola secundária e primária. É bem verdade que, neste período, podemos constatar já uma tímida preparação para as ideias modernistas que eclodiram em 1922, data demarcadora em nossa cultura. Esta preparação se resumiria quase tão-somente à chegada ao Brasil do pintor expressionista Lasar Segall, em 1913; ao artigo de Oswald de Andrade, "Em prol de uma

Arte Nacional", publicado em 1917; e à exposição da artista brasileira expressionista Anita Malfatti, também em 1917.

Entretanto, estes acontecimentos pré-modernistas não tiveram nenhuma influência sobre a sistemática do ensino da Arte na escola primária, secundária e superior.

O ensino superior, que tinha como modelo a Escola Nacional de Belas-Artes, continuou em " moldes arcaicos disfarçados em reformas, as quais eram apenas simples mudança de rótulo"[1].

A metodologia da Escola de Belas-Artes influenciou grandemente o ensino da Arte a nível primário e, principalmente, secundário, durante os vinte e dois primeiros anos de nosso século; mas outras influências dominaram durante este período: os processos resultantes do impacto do encontro efetivo entre as artes e a indústria e o processo de cientifização da Arte. Ambos tiveram suas raízes no século XIX, comprovando a afirmação anterior de que as primeiras décadas do século XX correspondem à realização dos ideais do século precedente.

Isto ocorreu não só no campo do ensino da Arte, mas também no campo da cultura em geral, o que tem levado os historiadores brasileiros a demarcar o início do século XX brasileiro a partir de 1918 (término da Primeira Guerra Mundial) ou 1922 (Semana da Arte Moderna).

A preocupação central a respeito do ensino da Arte, nos inícios do século XX, era a sua implantação nas escolas primárias e secundárias e mesmo a sua obrigatoriedade: não só os argumentos reivindicatórios de um lugar para a Arte nos currículos primários e secundários como também os modelos de implantação estavam baseados principalmente nas ideias de Rui Barbosa, expressas em 1882 e 1883[2] nos seus projetos de reforma do ensino primário e do secundário, e no ideário positivista extensamente divulgado no país, principalmente a partir da segunda metade do século XIX. É com frequência, portanto, que teremos que nos referir ao século XIX, para tentar aclarar os princípios e práticas que regeram o ensino da Arte na escola primária e secundária durante as primeiras

---

1. Ver GONZAGA DUQUE. *Contemporâneos.* Rio, Tip. Benedicto de Souza, 1929, p. 221-223.

2. RUI BARBOSA. *A reforma do ensino secund*ário e superior (*1882*). Rio de Janeiro, Ministério de Educação e Saúde, 1941. *Id. Ref. do ens. prim.,* LI, 2, 3, 4.

etapas cronológicas do século XX, quando vivemos um prolongamento ideológico do século XIX. As ideias que levaram à República continuaram ativas no sentido de assegurá-la, institucionalizá-la.

É preciso esclarecer, antes de tudo, que o ensino da Arte na escola secundária e primária se resumia ao ensino do Desenho. Um dos primeiros textos sobre a necessidade de se exigir o ensino do Desenho nas escolas secundárias foi escrito por André Rebouças em *O Novo Mundo*, jornal publicado em Nova York por um brasileiro, José Carlos Rodrigues, e escrito em português, com larga repercussão entre os intelectuais brasileiros pela atualização das informações que veiculava, numa época em que os meios deficientes de comunicação mantinham as nações subdesenvolvidas em isolamento cultural.

Em novembro de 1878, André Rebouças publicou em *O Novo Mundo*, o artigo "Generalização do Ensino do Desenho", onde se lê:

> O ministério da Instrução Pública da França tomou ultimamente em junho de 1878, uma excelente medida, que muito desejamos que seja imitada no Brasil: *tornou obrigatório o ensino do Desenho em todas as classes do Liceu durante os sete anos do tirocínio* (grifo original).
>
> Esta disposição se devia aplicar imediatamente ao Colégio Pedro II e a todos os estabelecimentos congêneres da capital e das Províncias do Império.
>
> O Desenho é um complemento da escrita: da caligrafia e da ortografia. É o meio de comunicar a ideia de uma figura do mesmo modo que a escrita é o modo de comunicar um pensamento.
>
> Tendes a inspiração de uma bela antítese ou de uma imaginosa metáfora, vós a escreveis; tendes a ideia de uma forma nova, vós a desenhais imediatamente.
>
> É assim que deve ser compreendida a necessidade de generalizar o ensino do Desenho por todas as classes da sociedade.
>
> Seria ocioso demonstrar a indispensabilidade do Desenho para os artistas, para os operários, para os engenheiros e para todas as profissões conexas. Para esses o Desenho vale mais do que a escrita e até mais do que a palavra.
>
> Pode o engenheiro fazer a seu contramestre um discurso de duas horas e no fim nada ter alcançado mas em dois minutos, esboçando a peça da máquina que tem na mente, terá conseguido fazer-se compreender como por milagre.
>
> Para qualquer outra profissão, o Desenho, se não é indispensável, é pelo menos da maior utilidade.

Um advogado, que não compreende a planta de um edifício onde se deu um crime; que não sabe figurar a planta da fuga de uma prisão; da escalada de uma casa; que olha debalde para a figura que representa o estado de uma ferida ou de qualquer outro caso de medicina legal; pode ser "muito instruído mas tem evidentemente imensa lacuna em os meios de exercer sua profissão em toda a consciência.

O médico operador, este está no caso do engenheiro mecânico, o Desenho para ele é indispensável. Imagina um novo instrumento cirúrgico e não sabe nem ao menos dar um esboço ao operário que tem de executá-lo; tem à frente um caso novo de um abscesso; quer descrevê-lo em sua memória para a Academia e não há meio de obter do lápis mais do que uma grotesca aranha[3].

Desde os inícios do século XIX era o Desenho, dentro da pedagogia neoclássica, o elemento principal do ensino artístico, levando à precisão da linha e do modelado. A importância destes elementos refletia a influência dos exercícios de observação da escultura antiga que, existente em maior número do que a pintura, era utilizada com maior frequência. Para os neoclássicos, o artista era o gênio, era uma inteligência superior que, através do Desenho, seria limitada, domada pela razão, pela teoria, pelas convenções da composição para melhor entender a tradição e a história.

No século XX, a ênfase no Desenho continuaria nos argumentos a favor de sua inclusão na escola primária e secundária, os quais se orientaram no sentido de considerá-lo mais uma forma de escrita que uma arte plástica, como se depreende do texto acima transcrito de André Rebouças, destacado engenheiro brasileiro que exerceu larga atividade política durante a propaganda pela extinção do regime escravocrata.

Plasmados na excessiva literariedade dos jesuítas que, voltando ao Brasil em 1842, "dedicaram-se ao ensino com a pertinência antiga, fundando vários colégios"[4], nada mais natural para os brasileiros que vencer o preconceito contra o ensino da Arte, reduzindo-o ao ensino do Desenho e procurando valorizá-lo pela sua equivalência funcional com o escrever.

O aristotelismo dos jesuítas garantiu a aceitação do Desenho, pois este estava incluído na Educação embora não obrigatoriamente, pelo próprio Aristóteles:

3. ANDRÉ REBOUÇAS. Generalização do ensino do desenho. O *Novo Mundo*, nov. 1878, p. 246.
4. N.W. SODRÉ, op. *at.*, p. 243.

The costumary branches of education are in number four; they are (l) reading and writing (2) gynastic exercises (3) music to which is sometimes added (4) drawing. Of these, reading and writing and drawing are regarded as useful for the proposes of life in a variety of ways[5].

O beneplácito aristotélico e a identificação do Desenho com as artes da palavra foi, para uma cultura predominantemente literária como a nossa, elemento de aceitação social e concepção que ultrapassou as barreiras do tempo, indo desde os escritos de Rebouças e Abílio César Pereira Borges, também datados de 1878 até Mário de Andrade, um dos responsáveis pela introdução da arte moderna no Brasil.

As citações que se seguem são de Abílio César Pereira Borges, o Barão de Macaúbas, importante educador brasileiro da época, fundador do Ginásio Baiano e do Colégio Abílio, no Rio de Janeiro, e de um ginásio em Barbacena, e que, já em 1856, quando diretor geral dos estudos da Província da Bahia, propusera no projeto de lei de reorganização do ensino daquela província "a obrigação positiva do ensino do Desenho em todas as escolas públicas tanto das cidades como das vilas e aldeias":

> Convém considerar o desenho como uma linguagem que exprime nossas percepções por meio de linhas, sombras e cores do mesmo modo por que as exprimimos por meio de palavras e frases". "O Desenho é, em verdade, a muitos respeitos, uma língua da forma, tendo somente duas letras, a linha reta e a linha curva que se combinam como os caracteres alfabéticos nas palavras escritas[6].
>
> Ao deixar a escola primária deveriam os meninos saber tanto de desenho como de escrita, isto é, escrever uma ideia ou um objeto por meio de linhas e sombras como sabem fazê-lo por meio da escrita abstrata ordinária[7].

Também Mário de Andrade, embora tenha despertado o Brasil para grandes renovações no ensino da Arte, como veremos posteriormente, defende de maneira mais clara ainda a

---

5. *Apud* ROBERT J. SAUNDERS. "Selections from historical writings on art education". In: GEORGE PAPPAS (ed.). *Concepts in art and education*. London, MacMillan, 1970, p. 5.
6. ABÍLIO CÉSAR PEREIRA BORGES. *Geometria popular*. 41. ed. Rio de Janeiro, Francisco Alves, 1959, p. XIII.
7. *Id*. p. IX.

natureza literária do Desenho no artigo "Do Desenho", reunido em livro depois de sua morte, reproduzido de recorte de jornal sem data, mas possivelmente escrito na década de 30. Diz Mário:

> Creio ter sido Alain quem chegou até o ponto de afirmar que o Desenho não é de natureza uma plástica mas se há exagero de sistema numa afirmativa assim tão categórica sempre é certo que o Desenho está pelo menos tão ligado pela sua finalidade à prosa e principalmente à poesia como o está pelo seus meios de realização à pintura e à escultura[8].
>
> Se é certo que objetivamente ele é também um fenômeno material, ele o é apenas como uma palavra escrita. Nós temos dados positivos para saber que de fato foi do Desenho que nasceu a escrita dos hieróglifos[9].

Esta identificação do Desenho com a escrita que ultrapassou as barreiras do Modernismo, foi argumento não só para tentar vencer o preconceito contra a Arte como também argumento para demonstrar que a capacidade para desenhar era natural aos homens ou, pelo menos, acessível a todos e não um dom ou vocação excepcional. Na época, dizia Rui Barbosa combatendo os que contrariamente pensava:

> "Não percebem que, pela simplicidade das suas aplicações elementares ele (o desenho) tem precedência à própria escrita" e "que as aptidões naturais de que depende seu estudo são comuns a todos os entendimentos, e de uma vivacidade particularmente ativa nos primeiros dias da existência humana"[10].

Também afirmando a caráter geral e natural das aptidões para o Desenho, dizia Abílio César Borges:

> Cousa singular. Não há menino que não tente desenhar as ideias que lhe passam pelo tenro cérebro. Essas Ideias são rabiscadas com um descaso ingênuo, que atesta uma tendência real e uma necessidade natural, que a educação deveria desenvolver em vez de sufocar como infelizmente acontece na maior parte dos casos[11].

8. MARIO DE ANDRADE. "Do desenho". In: *Aspectos das artes plásticas no Brasil*. São Paulo, Martins, 1965, p. 71.
9. *Id. ibid.*, p. 72.
10. R. BARBOSA. *Ref. do ens. prim.*, v. 10, t. 2, p. 108.
11. A.C.P. BORGES, *op. cit.*, p. VIII.

Sobre a ideia corrente naquele tempo de que seria possível haver completas inaptidões para o desenho, "aliás em pessoas inteligentes", escreveu André Rebouças:

Negamos e distinguimos. Exceto em caso de defeito físico é quase impossível uma completa inaptidão. O que há realmente ainda por desgraça em nossos dias é o estulto preconceito contra as profissões artísticas.

Um poeta, um filósofo, um literato julga desonrar-se ocupando algumas horas em adquirir um dos mais belos dotes que pode ter um homem. Si há alguns tão néscios que até acham muito aristocrático dar originais absolutamente ininteligíveis e também substituir sua assinatura pela mais ridícula das garatujas.

Agora a distinção:

Há desenho de régua e de compasso e há desenho sem auxílio de instrumento algum. O primeiro está ao alcance de todos que não têm defeito físico, basta um pouco de paciência e boa vontade.

O segundo é mais difícil; só os privilegiados trazem esta faculdade inata, mas é muito raro que depois de dois ou três anos de prática de desenho não se consiga representar mais ou menos qualquer objeto sem o auxílio da régua ou do compasso.

Daremos exemplo:

O povo inglês é talvez o menos artístico do mundo[12]. Ainda mais, em sua primeira exposição de Londres em 1851, os objetos de arte que apresentaram, eram tão grotescos que serviram de ridículo aos visitantes. Eram os desenhistas de Paris, que iam a Manchester, a Glasgow, a Birmingham e a outros centros manufaturemos, vender desenhos para chitas, lãs, tapetes, papéis pintado, etc. etc.

O príncipe Alberto foi testemunha dessas misérias e empreendeu para salvar sua pátria adotiva desse ridículo. Colocou-se à frente da generosa propaganda e mandou fundar escolas de Desenho, diurnos e noturnos por todo o Reino Unido.

Na Exposição de 1862 já se notou grande progresso. Daí em diante a indústria inglesa, se não pode competir com a elegância parisiense não apresenta ao menos coisa que faça rir, em lugar de elevar a alma às eternas regiões do belo[13].

---

12. A. REBOUÇAS, *op. cit.* s.p. Aqui o autor chega ao exagero de afirmar que o povo inglês "com dezenas de séculos de existência em contato com os maiores artistas do mundo" ainda não conseguira criar nem um Carlos Gomes, nem um Henrique de Mesquita, nem um Pedro Américo ou um Victor Meireles.

13. A, REBOUÇAS, *op. cit.*, s. p.

Aliás, sabe-se que Merimée aproveitou a ocasião da exposição de 1862 para analisar os numerosos defeitos da École des Beaux Arts de Paris, concluindo com o seguinte aviso:

A indústria inglesa especialmente atrasada em 1852 quanto ao ponto de vista da Arte, tem feito há dez anos progressos prodigiosos e se continuar a marcha no mesmo passo, estaremos derrotados em breve[14].

A categorização do Desenho explicitada por Rebouças nesse texto – desenho linear ou geométrico e desenho figurado – dominou no ensino da escola primária e secundária nas primeiras décadas do século XX, tendo-se acrescentado a este conteúdo o desenho de ornato ou arte decorativa pela influência marcante da Escola de Belas-Artes e do Liceu de Artes e Ofícios. A luta pela preponderância de uma destas categorias sobre as outras existiu e se prendeu, de um lado, a princípios político-sociais e, de outro, a concepções artísticas.

O primeiro surto industrial brasileiro, verificado entre 1885 e 1895, reforçou o ideal da educação para o progresso da Nação. Seguiu-se um período de declínio econômico que se prolongou até 1905, tendo-se procurado a continuidade do progresso, na reafirmação das ideias que antecederam a arrancada inicial da indústria, aquelas ideias que antecederam a arrancada inicial da indústria, aquelas ideias sobre arte industrial propagadas por Rui Barbosa e por *O Novo Mundo*, no qual ativamente colaborava André Rebouças.

A Arte aplicada à indústria, vista não apenas como uma técnica mas como possuindo qualidades artísticas capazes "de elevar a alma às etéreas regiões do Belo", foi ainda mais ardorosamente defendida como parte do currículo das escolas primária e secundária.

A lição inglesa, da Exposição Universal de 1851, referida por Rebouças e também por Rui Barbosa, foi muitas vezes utilizada como argumento demonstrador da necessidade do ensino do Desenho no Brasil.

Por exemplo, em 1908, dizia o professor e artista Anibal Mattos em artigo no *Diário de Minas*:

O Desenho passa desapercebido pela falta de competentes que apontem as insuficiências do ensino.

14. R. BARBOSA, *Ref. do ens. sec. e sup.*, v. 9, t. I, p. 168.

Entretanto, Laboulary, em seu ensaio de *Arte Industrial*, afirma que a Inglaterra, com o seu elevado bom senso depois da Exposição de Londres vendo o que lhe faltava fazer nas Artes, não só fundou museus como também grande número de escolas especiais.

Ela reconheceu que o futuro do seu imenso comércio de exportação dependia dos progressos artísticos dos seus produtores.

Por ocasião da Exposição Universal de Londres de 1851, o barão Carlos Dupin, no relatório dirigido ao imperador da França, declarava o seguinte:

A proporção nos prêmios de 1º ordem conferidos aos estrangeiros foi de 8 por 1000 expositores, porém, para os franceses, essa proporção se elevou a trinta.

Os espíritos mais esclarecidos da comissão procuraram nas instituições francesas o segredo de uma tão grande desigualdade e o acharam nas nossas *escolas de Desenho artístico e geométrico* (grifo original) em Lyon, Nimes e Paris; nas escolas de arte e ofícios, que apresentam as mais ricas coleções e o ensino completo das ciências e das artes úteis[15].

Foi, entretanto, uma outra Exposição Internacional, a Centenial Exhibition of Philadelfia, de 1876, que intensificou no Brasil o interesse pela Arte Industrial. Nesta exposição, os EUA demonstraram não só a possibilidade de competir com os mais bem desenhados produtos europeus, como também uma superioridade no desenho de máquinas.

Repercutiu grandemente entre os brasileiros, embebidos até então numa francofilia acentuada, o relatório de M. Bouisson, observador francês, a respeito da Philadelfia Exhibition. Abílio César Pereira Borges cita com destaque a seguinte parte desse relatório:

É preciso que a França defenda sua proeminência até agora não contestada nas artes. Ela dispõe de recursos imensos, que deve fecundar por um ensino primário bem concebido.

Entre nós, como por toda parte, não basta possuir excelentes professores especiais de Desenho; não basta possuir bons cursos e boas escolas; é necessário que todos os preceptores e todas as preceptoras estejam habilitados a dar a toda a população escolar o primeiro ensino do Desenho.

15. ANÍBAL MATTOS. "Ensino artístico profissional". In: *Belas-Artes*. Minas Gerais, Imprensa Oficial, 1923, p. 120-121. (Coletânea de artigos publicados entre 1908 e 1923 em jornais).

A França que depois das suas desgraças entregou-se ao trabalho com uma energia notável, deve dedicar-se com igual ardor ao ensino do Desenho e retemperar suas forças produtivas nas fontes da Arte.

Por meio de um ensino geral da arte do Desenho abrem-se duas estradas: uma que favorece o desenvolvimento do gosto e da habilidade artísticas, a outra que torna o povo capaz de apreciar o belo em suas formas diversas.

Criam-se desse modo a um tempo a oferta e a procura; lavra-se o campo e planta-se a semente que dará messe futura; faz-se o auditório e o orador, o público que julga e o artista que produz[16].

O assombroso progresso industrial dos EUA foi atribuído à precoce iniciação da juventude americana no estudo do Desenho e à boa organização naquele país do ensino da Arte aplicada à indústria, o qual passou a ser divulgado no Brasil através de *O Novo Mundo*, que já vinha dando especial destaque à atuação de Walter Smith[17] para o progresso do Estado de Massachusetts e que publicou um número especial sobre a Centenial Exhibition[18], e com frequência veiculava notícias sobre o progresso do ensino artístico industrial nos EUA e em países europeus.

Destacamos a notícia de agosto de 1878 sobre as oficinas de Tiffany, consideradas pelo articulista verdadeiras classes de Arte Industrial, onde os estudos

são feitos com o auxílio de uma biblioteca onde se encontra vasta coleção, de modelos e de desenhos similares de obras de ourivesaria da Idade Média e da Antiguidade[19].

Além das entusiastas informações sobre os progressos do ensino do Desenho nos países estrangeiros, *O Novo Mundo* também incentivou grandemente o Liceu de Artes e Ofícios de Bethencourt da Silva, a única entidade educacional brasileira que na época tentava articular o ensino da Arte com as praticabilidades industriais, ou melhor, que tentava ensinar o Desenho com aplicações à Arte e à indústria. O jornal publicou o perfil artístico de seu criador[20] e seguidamente noticiava os sucessos progressivos do Liceu. Acreditamos mesmo que os

16. *Apud* A.C.P. BORGES, *op. cit.*, p. XV.
17. *O Novo Mundo*, Nova York, out. 1974.
18. *Id.*, fev. 1878.
19. *Id.*, ago. 1878.
20. *Id.*, mar. 1872.

artigos e notícias de *O Novo Mundo* tenham exercido uma grande influência sobre as atividades do Liceu. Um exemplo é a criação das classes de Desenho para mulheres (1881)[21], após uma reportagem sobre a exposição feita no campo de Marte (Paris) pela Escola de Bordados Artísticos. Essa reportagem, que destacava no programa da Escola o "ensino completo do Desenho", "base indispensável de qualquer aprendizagem artística ou industrial", terminava dizendo: "Eis aí uma instituição que desejaríamos ver criada no Rio de Janeiro e outras capitais e cidades da província"[22]. No número anterior, André Rebouças já havia falado da necessidade de empregar o Desenho como meio de profissionalizar a mulher e "redimi-la da inutilidade e do parasitismo ao qual estava condenada pela sociedade"[23].

Com a criação das classes femininas, o Liceu pôs em prática as ideias expressas através de *O Novo Mundo* sobre os meios considerados adequados na época para a profissionalização da mulher.

Anteriormente uma notícia de fevereiro de 1878 informara sobre a Reunião da Associação Nacional de Educação em Washington, realizada em 12 de dezembro de 1877 e o impacto, provocado pelos resultados do ensino do Desenho aplicado à produção industrial:

> Mr. Ruhkle do M.I.T. fez um discurso sobre educação industrial ilustrando-o com modelos de madeira, ferro e aço feitos pelos alunos deste instituto.
>
> Explicou que pelo sistema ali adotado, o espírito e as mãos não educadas conjuntamente com a mesma facilidade, e em tão pouco tempo como qualquer deles o poderia ser separadamente.
>
> Na sua opinião se poderia dar uma educação industrial às meninas e meninos de idade acima de 9 anos[24]

Esta ideia acerca da repercussão da educação manual sobre a formação do espírito seria expressa posteriormente por Anibal Mattos no texto já citado de 1908:

21. BRASIL. Imperial Lyceo de Artes e Officios. *Polyantheia Commemorativa da Inauguração das aulas para o sexo feminino*. Rio de Janeiro, 1881.

22. *O Novo Mundo*, Nova York, dez. 1878.

23. *Id.*, nov. 1878.

24. *Id.*, fev., 1878.

Essa educação manual não é propriamente o "ensino do ofício" mas o trabalho das mãos aplicado aos fins educadores; é inculcar no aluno o gosto e o carinho, e o que é principal, o respeito pelo trabalho, hábito de ordem, exatidão e asseio, independência e confiança em si mesmo, o *selfreleance* dos ingleses; a atenção, o interesse, a perseverança.

Para os povos inconstantes como os latinos em geral, e particularmente para o nosso, seria de uma grande vantagem a aplicação desse método (o Desenho) que forma, desde a infância, os espíritos para a luta e para a resistência, dando-lhes a confiança da vitória no futuro.

É por este sistema que a América do Norte tem assombrado o mundo com a sua grandeza[25].

Este aspecto propedêutico do Desenho, a educação do caráter e da inteligência, iria ser o objetivo principal dos positivistas, mas não deixou de encantar também os liberais, embora para eles o objetivo primordial do seu ensino fosse a preparação do povo para o trabalho.

25. A. MATTOS, *op. cit.*, p. 122.

*42*

## 3. A INFLUÊNCIA DO LIBERALISMO – RUI BARBOSA

Os elementos liberais que lutavam a favor da revolução industrial, em reformulações do liberalismo utilitarista inglês de Spencer, objetivavam, com o ensino do Desenho, "abrir à população, em geral, ampla, fácil e eficaz iniciação profissional".

A redenção econômica do país estaria estreitamente ligada à capacitação profissional dos seus cidadãos.

O ensino do Desenho, a sua popularização, a sua adaptação aos fins da indústria tem sido o principal motor da prosperidade do trabalho em todos os países já iniciados na imensa liça, em que se têm assinalado a Inglaterra, os Estados Unidos, a França, a Alemanha, a Áustria, a Suíça, a Bélgica, a Holanda e a Itália[1].

Assim se expressava Rui Barbosa através dos Pareceres sobre a Reforma do Ensino Secundário e Superior (1882) e sobre a Reforma do Ensino Primário (1883) de Leôncio de Carvalho, os quais apresentou ao parlamento e que, muito

1. R. barbosa. *Ref. ens. Sec. sup.*, v. 10, t. 1, p.166.

mais que simples pareceres, representavam novos projetos para a Educação brasileira, talvez os mais bem fundamentados teoricamente que já se apresentaram à nossa legislação e em perfeita consonância com as mais modernas concepções e técnicas pedagógicas da época.

Rui Barbosa é considerado um dos mais fiéis intérpretes da corrente liberal brasileira.

A propósito, é oportuno lembrar que todos os seus trabalhos sobre educação resultaram de sua ação política. É o homem de Estado que considera a democracia como uma função da educação, é o propugnador pelas instituições liberais que pretende assegurá-las pelo incremento da instrução pública. Admitindo o esquema

> liberdade igual a democracia, igual a instrução do povo, o pensamento pedagógico de Rui ganha assim uma dimensão fundamentalmente ético-política[2].

Suas ideias pedagógicas tiveram grande influência nos inícios do século XX quando, em sua atuação política, era levado frequentemente a reafirmar publicamente os princípios diretores dos seus Pareceres.

Por exemplo, no discurso inaugural de sua campanha para a presidência, em 3 de outubro de 1909, afirmou:

> As minhas ideias amplamente desenvolvidas nos dois pareceres parlamentares de 1882 não desmereceram em atualidade[3].

Na sua concepção pedagógica, o Desenho tinha um lugar de enorme destaque no currículo secundário e especialmente no currículo primário, e nenhum educador brasileiro que se tenha dedicado ao estudo do processo da Educação em geral deteve-se tão minuciosamente sobre o ensino do Desenho ou o ensino da Arte como Rui Barbosa.

Sua teoria política liberal se dirigia para a função prática de enriquecer economicamente o país. Este enriquecimento só seria possível através do desenvolvimento industrial, e a

---

2. RIVADAVIA MARQUES JUNIOR. *Política educacional republicana*. Araraquara, 1967. Mimeograf. Tese de concurso de doutoramento na cadeira de História e Filosofia da Educação da Faculdade de Filosofia, Ciências e Letras de Araraquara), p. 43.

3. *Apud* R. MARQUES JR., *op. cit..* p. 44.

educação técnica e artesanal do povo era por ele considerada uma das condições básicas para este desenvolvimento.

Era um bacharel convencido da supremacia que devia assumir a educação técnica, em toda a sociedade voltada para o dever de enriquecer[4].

Para ele, a educação artística seria uma das bases mais sólidas para a educação popular, e sua introdução na escola pública americana, principalmente através do desenho geométrico, já demonstrara enorme sucesso, através dos bem desenhados produtos americanos apresentados no Centenial Exhibition.

Por isso, é o modelo americano de ensino da Arte que pretendia implantar no Brasil, na escola secundária. Estabelecia que o Desenho deve obrigatoriamente ser ensinado em todos os anos do currículo secundário e justifica a medida, transcrevendo o seguinte trecho de Walter Smith[5]:

A educação artística do povo tem avultado em importância, neste quartel de século, já porque a indiferença com que a descuraram, ou a imperfeição com que se fazia, deixaram sem cultivo preciosas faculdades humanas, enquanto o melhoramento da educação geral despertava a consciência dessa lacuna; já porque a fecundidade dos descobrimentos modernos no terreno da ciência, graças aos quais se tem adiantado em ventura e prosperidade a espécie humana, vai chamando a atenção para a possibilidade de derivarmos benefícios correspondentes do desenvolvimento paralelo da arte. A educação antiga incorre na pecha de se ter absorvido excessivamente no exame do que o homem, em remotas eras e com acanhadas faculdades de percepção, disse, escreveu, e obrou acerca da terra onde habitava, das crenças que professava, das circunstâncias passageiras que o rodeavam: ao mesmo passo que nimiamente pouco se ocupava em manifestar às gerações contemporâneas o valor prático das leis físicas, que dia a dia atuam sobre nós, ou em desenvolver a capacidade, que nos é própria, de conquistar, e subjugar o globo. Tinha-se por missão suprema do ensino historiar a literatura, expender com precisão os dogmas teológicos, ou os credos políticos de pessoas eminente venerandas, que trajavam mantos, calçavam sandálias, acreditavam em entidades mitológicas honradas com o nome de

4. SAN THIAGO DANTAS. *Dois momentos de Rui Barbosa*. Rio de Janeiro, Casa de Rui Barbosa, 1951, p. 22.
5. *Apud* R. BARBOSA, *op. cit.*, v. 9, t. 1, p. 155-165.

deuses, supunham efetuar o sol em cada 24 horas um giro completo em volta da terra; quando, muito mais profícuo, teria sido fornecer os meios de descobrir a aplicação das leis naturais, que habilitam o homem a ser feliz, varrendo-lhe do espírito as fábulas e puerilidades, que lhe traziam o entendimento em cativeiro, limitavam o seu desenvolvimento intelectual e moral, restringiam a ação do seu domínio sobre a terra e as suas recônditas forças. O que se pode qualificar de instrução prática, a que aparelha o indivíduo para ser árbitro de si mesmo e senhor da situação durante as doze horas de lida que ele diariamente vive, nunca foi, para falar moderadamente, o intuito predominante das universidades e escolas no formar os homens de trabalho em todas as categorias; de sorte que, enquanto pias liberalidades e dotações patrióticas de séculos e séculos sucessivos se empregavam em preparar gerações e multidões de entes humanos, cujo destino limitou-se a modular a mesma toada dos seus ascendentes, é a outros, que, alheios aos institutos ensinantes, foram violentamente postos em contato com as contínuas durezas da necessidade, é a esses que somos, devedores da maior parte das vantagens da existência neste século, de muitas das suas mais apreciadas satisfações.

Longe de mim o articular uma palavra desrespeitosa a qualquer ramo da educação intelectual; seria traduzir infielmente o meu amor por toda a espécie de cultura mental o consentir que da minha linguagem resultasse essa persuasão.

Mas, se relanceio os olhos pela história do mundo, para essa fieira de séculos durante os quais a polida literatura das línguas mortas, a mitologia pagã e a teologia escolástica exerceram, pela educação, incontestada soberania no campo do entendimento humano, não posso resistir à impressão inevitável ante a penúria dos frutos de tão pomposo aparato; e, se considerarmos quanto e quanto têm conseguido fazer os que não receberam o benefício dessa educação; se ponderarmos na extensão dos resultados da moderna educação científica, em muitas províncias do domínio intelectual e moral, havemos de reconhecer que de promessas bem modestas se apurou copiosa safra, numa lide, em que a vitória coube à liberdade e à felicidade humana, liberdade que assumimos, emancipando-nos da ignorância de algumas das leis divinas; felicidade que emana do conhecimento mais seguro dessas leis.

Não é de admirar, portanto, que agora, quando se trata de educar a maioria das criaturas humanas, em países onde se realizou tão assinalado progresso, e quando cumpre educá-las para os misteres práticos da vida, e não para contemplação dela, a instrução haja de abranger, pelo menos, os assuntos que dizem respeito às artes da existência quotidiana, às ocupações da vasta maioria do povo. Razão é, indubitavelmente, que se cultive o espírito, e que as faculdades intelectuais, desenvolvidas pelo estudo da sabedoria dos tempos idos, se industriem por ela na experiência adquirida, para devassar as leis

*46*

que nos governam; mas não pode ser menos justo, até onde a nossa natureza física vitalmente nos prende à terra onde pisamos, que os nossos corpos se adestrem no servir com presteza o nosso espírito, habilitando-se a exprimir cabalmente, sem embaraço, nem torsão, as ideias ou concepções que a mente nos gerar. Educar não é amontoar fatos, fórmulas, tal qual se empilham fazendas num armazém; do mesmo modo como a igreja não consiste na estrutura de pedras convenientemente dispostas, sob a qual os homens adoram o Criador: é, sim, escudar com um broquel contra a ignorância o espírito do homem, deixando-lhe ao mesmo tempo franca ensancha ao exercício, da vontade educada pelo ensino. Ora, a educação da vontade está em operar o que o espírito ensinado e a mão hábil acharem meio de levar a efeito, e operá-lo em toda a plenitude do seu poder (exprimindo com a energia desta palavra toda a capacidade do conceber e toda a capacidade de executar), poder que encerra em si a verdadeira educação real e prática, onde o conhecido e o possível se unem constituindo o homem praticamente educado. O tópico seguinte de um discurso do Dr. Lyon Playfair consubstancia num exemplo uma imagem completa do valor das duas espécies de educação:

"Pelos fins do século transato e entradas do atual, os estados alemães perceberam a necessidade de educar a sua população, e espargiram com profusão pelo país escolas para as classes medianas, assim como para as desfavorecidas. A base sobre a qual se erigiram as escolas germânicas foi a educação clássica, cujo eixo consiste nesta verdade: que a natureza humana é sempre uma só, e, portanto, as paixões humanas se hão de enfreiar assimilando a experiência das idades passadas. Essas escolas foram admiravelmente bem sucedidas, e os alunos dignos da excelente instrução que receberam. Naturalmente, porém, uma vez educados, procuraram emprego adequado ao seu gênero de educação. Disseram, pois, ao governo, fundador das escolas que os tinham preparado: Ensinastes-nos a penetrar a natureza dos nossos semelhantes pela experiência dos tempos extintos; somos assim os vossos auxiliares no governá-los; dai-nos, logo, que fazer. Em vão lhes respondia o governo: Dotei-vos de boa educação; cada um agora que se avenha, e faça por si. A réplica era razoável. A espécie de instrução que nos ministrastes, não nos adapta à vida industrial. Provectos somos em história, em lógica, em filosofia; mas de fábricas e comércio não entendemos nada. Destarte o governo foi constrangido a alargar gradualmente as suas repartições, para acomodar os cidadãos instruídos, até que, ao cabo, uma sexta parte da população estava assalariada ao serviço do Estado". Nessa época a Alemanha, apesar de classicamente educada, não era rica, nem forte. "Inauguraram-se então as nossas escolas mercantis e industriais, que, instruindo o povo no sentido favorável à produção, desavezaram os espíritos de contarem com o Estado como o único distribuidor de

*47*

profissões respeitáveis, diminuindo a antiga concorrência ao funcionalismo, e aumentando, ao mesmo tempo, os recursos do país.

A Alemanha, que, hoje em dia, quanto à instituição de escolas de indústria prática, está meio século adiante das outras nações europeias, é reconhecidamente, o modelo a muitos outros respeitos, e pode-se citar como documento da influência da moderna educação industrial sobre as circunstâncias e o caráter de um povo inteiro. Uma nação de cismadores foi transformada na de trabalhadores mais intensamente práticos, que se abalançam a todas as vocações com ciência, e as exercem com prosperidade".

Não quero provar demais, nem cair no erro dos advogados da educação exclusivamente prática, afirmando que a educação industrial seja tudo. O meu asserto está em que erramos desconhecendo-a, e erram ainda os que a olham como menos valiosa do que a educação clássica; o que digo, outrossim, vem a ser que, segundo a observação dos últimos cinquenta anos, dentre as duas, a educação técnica ou industrial, exercitada nos laboratórios, nas tendas, nas oficinas, nas fábricas, é a que mais frutificativamente influído tem para a felicidade humana.

As opiniões que sustento, são as que, com admirável precisão, foram antecipadas, há muito, pela perspicácia do instinto prático do povo de Massachusetts; e no Instituto Tecnológico de Boston, ora em plena florescência de sua ação benfazeja, o Estado possui um agente inestimável para o desenvolvimento da educação industrial sendo a sua existência a demonstração, mais completa, que se poderia dar, da fé na importância ligada ao valor dessas instituições. O que aqui se está fazendo pela ciência, que abrange metade do domínio desta questão, desejara eu se fizesse também a benefício da arte, cultivando-se a fundo o campo inteiro das artes industriais relativas ao nosso viver de todo o dia. A ciência atraiu ao círculo da sua sedução a flor dos espíritos desta idade prática, os quais, pela grandeza e fecundidade dos seus descobrimentos, colocaram fora da necessidade de defesa os direitos do objeto do seu culto. Conquanto ainda na infância, tal amamentação teve, que, precoce como é na sua capacidade, podem-na deixar a si mesma, sem padrinhos, nem aios.

Mal poderíamos dizer o mesmo quanto à educação artística. Bem recente é a data, em que a parte da humanidade que se exprime em inglês, começou a reconhecer o valor prático da educação pela arte; e ainda nos dias de hoje não se podem classificar entre os animais pré-históricos, indivíduos que consideram os estudos de Arte como simples passatempo.

A esta insensata apreciação da Arte, que, ignorando-lhe a adaptabilidade às mais altas exigências e dotes da natureza humana, e olhando-a como predicado excepcional de certo número de excêntricos, a esse falso juízo é que se deve a míngua presente de ocasião e recursos, para a convertermos em utilidade real, e a elevarmos à

*48*

eminência de um elemento essencial em toda a educação. Jazem sepultadas no homem as suas faculdades, como gemas preciosas no seio das minas, ou o minério bruto nas vertentes da serra: para os desentranhar, se nos propomos a perscrutar o que se esconde sob a superfície, havemos de procurar com afinco em vários pontos, ou revolver fundo o solo todo. Se não reiterardes tentativas para descobrir o tesouro oculto, lá permanecerá para sempre, imprestável aos que mais necessitam, e nem notícia têm de que em si mesmos o trazem. Primeiro se há de achar o ferro e o carvão, jacentes sem serventia debaixo da terra, e averiguar-se-lhes o préstimo, para vir então o operário de Newcastle, com a sua ignota mina de ciência natural no espírito, combinar as propriedades e aptidões desses dois gêneros de matéria-prima na locomotiva, instrumento de civilização que tem beneficiado mais a todos homens neste século do que nenhum outro agente material da felicidade humana.

O estúpido aluno, que encara com execração os tempos dos verbos e os casos dos nomes, e afinal, desesperando os mestres, é atirado de roldão ao mundo por lorpa, bem se pode comparar a um torrão agreste, coberto dos vestígios de inábeis tentativas de explorações para descobrir ouro e prata, que de si não deixam senão escavações inúteis, obras desamparadas. Se houvessem ensaiado galerias mais amplas, teriam dado com a mina; a criança teria atinado com o trabalho para que a sua vocação a chamava no mundo, e adquiriria forças para o levar a cabo; o veio precioso ficaria a descoberto, bem sarjado; ao passo que, sem isso, desconhecida a si e aos outros, não lhe resta senão tatear no desalento a sua carreira pelo mundo, percorrendo uma vida estéril, ou, quando muito feliz, tropeçando já tarde, pelo que chamaríamos um acidente providencial, na vocação de sua natureza.

Se alargarmos as bases da educação, associando os elementos da ciência e da arte às matérias do ensino escolar, abriremos entradas ainda inacessíveis para aproveitar as faculdades de cada espírito, conforme os dotes peculiares a cada um, e pôr ao alcance de todos os primeiros passos em muitas carreiras úteis. Desta sorte nos premunimos contra esse malbaratamento da humana energia e essa desorientação da vida humana, ao mesmo tempo que alhanamos o caminho à difusão geral da inteligência e à propagação dos mais polidos hábitos do homem civilizado...

Uma criança que não saiba desenhar as formas dos objetos que o seu olhar descortina, tão prontamente como escreve e repete as palavras que lhe tocam o ouvido, está apenas em meia a educação; as suas disposições naturais foram apenas meio eduzidas, manifestadas, postas à luz. Um menino, cuja instrução deixou-o na ignorância das leis físicas e dos elementos do ensino científico, bem caro há de comprar a sua experiência no decurso ulterior de sua vida, e muitas vezes só à custa dela mesma.

*49*

Entre os títulos de ciência e da arte, à admissão no círculo geral da educação elementar, só uma diferença existe; é que, enquanto, para que o menino seja capaz de receber axiomas científicos, algum desenvolvimento há de ter adquirido primeiro noutras noções, a arte, cujos primeiros exercícios são depura imitação, permite-lhe iniciar-se extremamente cedo, quando as faculdades discursivas ainda não funcionam como as meramente sensórias: a visão e o tato. De mim pergunto, até, se o Desenho, na educação, não deve preceder à escrita, como estilo, que é, de escrever mais singelo, mais natural, menos intrincado, e que emprega tanto as faculdades reflexivas como o uso de sinais arbitrários, representantes, só por convenção, de ideias, das quais algumas nunca lhe acudiram, outras, se ocorressem à criança, e as conseguisse perceber, não lhe obteriam fé. Escrever, de feito, não é senão desenhar de memória; e a página que agora cubro de letras, se me permitirdes meditar, não será nada mais nem menos que um desenho, feito de cor, de sinais visivelmente associados aos pensamentos que me passam pela mente.

Uma assembleia congregada, em Londres, entre mestre-escolas, que, por experiência, tinham adotado o Desenho, durante um ano, como disciplina geral nas suas aulas, aprovou esta resolução: "Consagrou-se ao Desenho metade do tempo que dantes pertencia à escrita; e o resultado foi que a escrita melhorou, adquirindo-se, ainda em cima, como puro lucro a prenda do Desenho". Passou esse fato cerca do ano de 1852; sendo que desde então mui pouco, naquele país se falou em dificuldade de ensinar o Desenho à puerícia. Por larga experiência se demonstrou que cento por cento, para bem dizer, dos alunos da escola eram capazes de aprender a desenhar bem; e essa demonstração dissipou o antigo preconceito, que supunha monopolizados pelo gênio os talentos de arte.

E, de feito, não só enquanto aos meninos isso se averiguou, como a experiência da cidade de Boston veio provar serem aptos para essa espécie de ensino os adultos em quase todas as idades; pois as aulas noturnas e as escolas normais têm discípulos de idade entre 15 e 60 anos que, sem exceção de um só, perseverantemente se aplicam a adestrar-se no desenhar. Só quatro classes há de entes humanos, entre as quais não é praticável o ensino do Desenho: os cegos, os idiotas, os doidos e os paralíticos; salvo esta exceção, da humanidade inteira, num e noutro sexo, cento por cento exatamente é capaz de receber o ensino do Desenho.

O único estorvo real a esse ensino entre adultos vem a ser a convicção, arraigada na mente de alguns, da impossibilidade de o aprenderem. Fatal é, entre todos, esse só embaraço, que, enquanto o não removerem, pouco adiantamento permitirá.

Se estudarmos o lugar do Desenho na educação geral, pode-se estabelecer que, principiando com a criança ao encetar a escola, releva exercitá-lo, sob vários desenvolvimentos adaptáveis às va-

*50*

riações da idade e à aquisição crescente de forças, durante todo o curso escolar. Só pela inserção do Desenho no programa do ensino de todas as crianças é possível obter a exatidão e presteza no representar as formas de todas as coisas, faculdade nimiamente útil a todos. O que cumpre, é que todos os gêneros de Desenho elementar sejam ensinados, não como arte, mas como linguagem comum, e se utilizem, não como diversão, mas como instrumento prestadio. Tratado como linguagem, o Desenho é uma como crítica, exercida por nós mesmos sobre os nossos conhecimentos, mediante a qual ou sondamos a profundeza da nossa ignorância, ou inteligivelmente exprimimos as noções e ideias de que dispomos. É, especialmente, a arte do Desenho dócil serva ao estudo da ciência, estampando-lhe as verdades, pintando-lhe os fenômenos, e exibindo-lhe as leis. Na escola, convém tomar rigorosas cautelas contra o risco de se praticar o Desenho meramente com o intuito de produzir trabalhos de mimo ou beleza. Havemos de considerá-lo como auxiliar, ou veículo, que nos ajude a expressão no estudo de outros assuntos; assim, por exemplo, na geografia, o desenho de cartas. Em vez de ensinar, pois, a uma classe, como prenda, a arte de desenhar flores, eu lhe daria lições de botânica, exigindo que os alunos desenhassem os exemplos, a fim de fixar na memória os princípios do desenvolvimento, os pontos de partida. Deste modo obteríamos desenhos exatos, alcançando-se, ao mesmo tempo, de lucro o conhecimento da botânica.

No ensino do Desenho, desde o seu primeiro começo, releva não usar de originais que representem formas sem objeto nem significação; porquanto essas não apelam para outras noções, que o aluno possua, ou se lhe possam comunicar. Tão fácil é, por exemplo, ministrar a uma classe informações acerca dos pormenores históricos da arquitetura, escolhendo para modelos de desenho formas típicas do gosto de cada idade, quanto marcar simples exercícios de Desenho, que nem à história, nem à arquitetura toquem. Desta sorte podem-se adequar a todas as idades do aluno assuntos de estudo de Desenho e Pintura, partindo da íntima classe, na escola, e subindo, por gradações, até findar na universidade; sendo que, no decurso de todo esse tempo consideraremos sempre esse estudo, não como um fim, mas como meio de obtê-lo; pois o fim é aprender a ver, a descobrir, a conservar, e recordar, a reproduzir, a criar, em suma, ou, para dizer tudo numa só palavra, o fim é instruir, é educar. O espaço despendido hebdomadariamente na prática do Desenho não se há mister mais longo do que o empregado noutras disciplinas elementares, como a leitura, a escrita e a aritmética; assegurando-se, entretanto, ao estudante, para o seu futuro, grande economia de tempo, mediante a aquisição, que destarte se lhe proporciona, de meios de expressão instantâneos como a palavra e mais descritivo do que a pena.

*51*

A intenção de Rui Barbosa em seguir as mesmas linhas traçadas pelos EUA em relação ao ensino do Desenho do que é indício o fato de apresentar como única justificativa as afirmações de Walter Smith, seguidas apenas de alguns exemplos do progresso econômico de outros países que adotaram uma política educacional específica e bem planejada para o Desenho comprova-se no artigo 79 do Capítulo I Título, que trata do regulamento do Imperial Liceu Pedro II, modelo que deveria ser seguido por todo o ensino secundário no Brasil:

Art. 79 – As cadeiras de Desenho, Ginástica e Música serão providas mediante contrato por quatro anos, no máximo renovável no fim deles, se convier.

Para as duas primeiras, o governo, mediante os nossos agentes no estrangeiro, fará contratar homens de merecimento superior nessas especialidades e capazes de organizar no país este ensino; preferindo quanto ao Desenho, os Estados Unidos, a Inglaterra e a Áustria; quanto à Ginástica, a Suécia, a Saxônia e a Suíça[6].

Nas justificativas, Rui refere-se à qualidade das escolas inglesas de Desenho e à fundação, em Viena, de uma instituição análoga à de Kensington "a qual provou em 1873, para a Áustria o que aquela em 1862 provara para a Inglaterra"[7], evidentemente aludindo ao sucesso dos produtos industriais destes países nas feiras mundiais apresentadas nos anos citados. Acrescenta ainda:

A exposição da Filadélfia em 1876 veio mostrar que os Estados Unidos não se tinham deixado ficar à retaguarda desse progresso (referindo-se ao ensino do desenho). De Boston, a Atenas Americana, partira em 1870 a corrente elétrica em que, dentro em pouco, se acharam envolvidos os principais estados da União. A Stetson sucedeu, na propaganda, Ch. C. Perkins, presidente do conselho de educação e diretor do Boston Art Museum. Em 1870 se promulgou uma lei estatuindo como disciplina obrigatória o Desenho nas escolas primárias de Massachusetts e dispondo a criação de escolas de arte industrial em todas as cidades de mais de dez mil almas[8].

O Industrial Drawing Act acima citado parece ter influído não só na sua atitude, ao determinar a obrigatoriedade do De-

6. *Id.* p. 259.
7. *Id.* p. 169.
8. *Id.* p. 169.

senho na escola secundária, como também no processo imediato de proliferação em várias regiões do Brasil dos Liceus de Artes e Ofícios, instituições correspondentes às citadas escolas de Arte Industrial.

A fonte de inspiração do art. 79 é explicitada quando, lembrando que na época do Industrial Drawing Act só havia em Massachusets cinco professores de Desenho, Rui pergunta:

> Que fizeram os americanos? O que nós no substitutivo propomos em relação ao Brasil: apelaram para o estrangeiro, socorreram-se à Inglaterra, chamaram dali um homem de eminência superior, como Walter Smith. Master of Art na Escola do Kensington Museum[9].

Talvez a exiguidade de tempo com que fora obrigado a redigir o Parecer, a fim de atender, possivelmente, a prazo determinado pelo Parlamento, tivesse limitado suas fontes de consulta, que se resumiram a:

1. JOAQUIM VASCONCELOS, *Reforma do Ensino do Desenho*, Porto, 1879.

2. *Science and Art Department of the Commitee of Council on Education, Twenty-eight Report – Presented to both Houses of Parliament by Command of her Majesty.*

3. *Science and Art Department of the Commitee of Council on Education, South Kensington Art Directory, Containing regualtions for promoting instruction in Art*, London, 1881.

4. WALTER SMITH, *Art Education, Scholastic and Industrial*, Boston, 1873.

5. FELIX REGAMEY – *L', Enseignement du Dessin aux Etats Unis*, Paris, 1881.

O primeiro livro citado fazia o elogio do ensino do Desenho na Inglaterra, cujas linhas básicas, expressas nos dois relatórios lidos por Rui Barbosa, embasavam o ensino de Walter Smith cuja eficiência vinha sendo admitida mesmo na Europa, como prova o livro de Regamey.

Portanto, Walter Smith foi o eixo em torno do qual começaram a se formar as ideias de Rui sobre o ensino do Desenho, literalmente aceitas no Parecer sobre Ensino Secundário e apresentadas como modelo a ser seguido pelo Brasil. A repercussão cultural de Rui Barbosa foi enorme no Brasil e, durante os primeiros 20 anos do século XX, seu nome era símbolo de sabedoria para o povo e a burguesia, e as ideias de Walter

---

9. *Id*. p. 169-170.

Smith sobre Educação Artística, que ele subscrevera no Parecer sobre Ensino Secundário, passaram a ser defendidas como sustentáculo do progresso, durante quase 30 anos depois de terem sido escritas.

Antes mesmo que fosse publicado o Parecer sobre o Ensino Primário, onde desenvolve ideias mais amplas, mais originais e pessoais sobre o ensino da arte, articulando-as com uma filosofia da educação que escolhera como base de suas ideias pedagógicas, foi publicado o primeiro manual de Desenho geométrico para as escolas primárias, escrito por Abílio César Pereira Borges. O manual, intitulado *Geometria Popular*, é uma espécie de reedição simplificada e muito reformulada de uma obra que o autor escrevera quatro anos antes para o estudo da Geometria em geral e que despertara numerosas críticas.

Tendo sido publicada esta 2º edição, meses depois (julho de 1882) da apresentação do Parecer de Rui Barbosa sobre o Ensino Secundário (13 de abril de 1882), teve enorme sucesso e foi usado em nossas escolas primárias durante toda a primeira metade do século XX. Sua última edição, a 41º, data de 1959. É realmente um caso raro no Brasil que um livro, mesmo didático, pudesse ter atingido naquele tempo 41 edições. Pretendia seu autor que seu livro penetrasse nas escolas das mais longínquas e menos favorecidas aldeias. Pretendia ele que a distribuição metódica e gradual das matérias permitisse que o livro, embora especialmente dedicado ao ensino primário, servisse também

"às escolas normais aos liceus e colégios (escolas secundárias) e, enfim, a todos quantos – homens e senhoras, industriais, comerciantes, lavradores, operários, etc. – não havendo recebido instrução primária completa, desejarem instruir-se por si mesmos, independentemente de mestres, nestas matérias tão interessantes e de tanta utilidade prática em todas as posições sociais"[10]. "Há de ser manuseado com grande proveito nas oficinas e nas famílias"[11].

Parece ter sido a primeira tentativa de educação de massa baseada na "ideia da necessidade de se propagar pelo povo

10. A.C.P. BORGES, *op. cit.*, p. XVI.
11. *Id.* p. VIII.

o ensino de Desenho"[12] e de educar a nação para o trabalho industrial.

Presidindo estas ideias, as citações e referências de Walter Smith são inúmeras, embora não haja indicação bibliográfica e, algumas vezes, sejam suas as ideias expressas como se fossem do próprio autor. Em outros casos entretanto, o débito para com o inglês é diretamente revelado:

o único meio de tornar geral a instrução do desenho industrial, diz Walter Smith, é estender sua influência sobre todos os produtos, e ensinar o desenho elementar a todos os meninos sem exceção[13].

Seguem-se outras citações atribuídas a Walter Smith:

"O desenho geométrico é a única base verdadeira do desenho artístico ou industrial". "Um bom sistema de desenho, ainda quando não tem por fim senão o resultado artístico, deve tornar a geometria por guia desde o princípio até o fim"[14].

Outras fontes americanas são também citadas para reforçar a importância do ensino do Desenho para a indústria e a necessidade de ser ele iniciado ao mesmo tempo que a escrita. Longo trecho do relatório de 1874 de M. Philbrick[15], superintendente do ensino em Boston, é transcrito em relação ao primeiro objetivo e, em relação ao segundo, são utilizadas as palavras de M. Thomaz Richeson, president of Board of directors of St. Louis, USA:

A educação do olho e da mão, o desenvolvimento do gosto pelo hábito do desenho, adquirido desde as primeiras idades nos jardins da infância, completados pelo ensino do Desenho elementar nas escolas de primeiro grau e do desenho industrial nos do segundo grau (*grammar school*) bastarão para fazer uma revolução nas manufaturas de nosso país...[16].

A intenção de transplantar o modelo americano de ensino de Arte estende-se também aos princípios metodológicos. Se analisarmos o conteúdo e os métodos propostos no livro, ve-

12. *Id*. Introdução.
13. *Id*. p. XIV.
14. *Id*. p. XIV.
15. *Id*. p. XIV.
16. *Id*. p. XIV.

rificamos que são uma mera e pálida transcrição dos princípios de Walter Smith.

Em primeiro lugar, o autor insiste sobre a conveniência de encarregar os professores regulares das lições de Desenho, afirmando não haver necessidade de ser artista para ensinar Desenho, uma vez que "se não exige nem um orador para ensinar retórica nem uma acrobata para ensinar ginástica"[17]. Isto, evidentemente, é uma argumentação calcada na argumentação de Walter Smith, sobre o fato de que

Thousands of persons teach arithmetic successfully who possess no special mathematical gifts; and there is nothing about drawing so difficult to master as some of the features of mathematics[18].

O método é obviamente uma contrafação dos manuais de Walter Smith:

"As figuras devem ser traçadas pelos alunos em suas ardósias a mão livre" e "o melhor processo que se pode empregar para interessar prontamente não um somente, mas todos os alunos de uma classe consiste em se executar em grande, no quadro preto, os traços das figuras, de sorte que aqueles que devem fazê-las depois vejam--nas traçar previamente pelos mestres".

O modelo se desenvolve diante dos olhos dos discípulos; o professor chama a atenção dos seus ouvintes para os pontos mais interessantes; excita-lhes a curiosidade e provoca entre eles a emulação pelas explicações e pelas interrogações a um e a outro.

Chegam assim os discípulos com pouca fadiga e quase sem perceberem o caminho percorrido, a receber pelos olhos e pelos ouvidos as lições que lhes foram dadas pela imagem e pela palavra[19].

Não resta dúvida de que isto que foi dito acima, embora seja apresentado como um método próprio do autor, foi retirado dos princípios metodológicos de Walter Smith, como mostra o texto original que se segue:

It is intended that the figures given in the first chapter of the manual shall be drawn on the black board by the teacher (...) When

17. *Id*. p. XIII.
18. WALTER SMITH. "Freehand drawing". In: EISNER, ELLIOT & ECKER, (ed.). *Readings in art education*. Mass., Ginn-Blaisdell, 1966, p. 200.
19. A.C.P. BORGES, *op. cit.*, p. XL

working on the blackboard, they should proceed slowly explaining each point as they go along and requiring the whole class to work together...[20]

As figuras do manual de A.C.P. Borges são quase todas em litogravura talvez para atingir o objetivo de torná-lo de baixo custo. A litogravura e a xilogravura eram naquela época as formas mais baratas de reprodução e, por isto, as mais populares. Ainda hoje é a xilogravura usada nas ilustrações dos folhetos populares no nordeste brasileiro. Deveriam ser copiadas pelos alunos em suas ardósias. As ilustrações do livro funcionavam como substitutos dos cartões (*cards*) de Walter Smith começando pelas ideias mais simples e marchando progressivamente em direção às mais complicadas.

O estudo era iniciado pelas linhas reta, vertical, horizontal, oblíquas, inclinadas, paralelas e, a seguir, vinham os ângulos, triângulos, retângulos, numa gradação conteudística idêntica à de Walter Smith, acompanhada de definições geométricas assim como ele mesmo recomendava.

Exercícios de ditado e de memorização de figuras também eram empregados como na metodologia de Smith.

Depois do estudo da linha curva e dos sólidos geométricos eram apresentados alguns objetos simples "de formas geométricas", o que também representa a influência de Walter Smith, que os considerava "better suited than natural objects"[21].

Por fim o manual apresentava elementos arquitetônicos (portadas, arcos, colunas), todos seguindo a tradição neoclássica que, através do continuísmo da Academia de Belas-Artes, comandava as formas artísticas nacionais.

Embora recomendasse a importação do estrangeiro de coleções de modelos preparados para as lições (possivelmente os cartões de Walter Smith) sua própria escola, o Colégio Abílio só possuía como meio de objetivação do ensino alguns conjuntos de sólidos geométricos e figuras geométricas desenhadas nas paredes das salas de aula.

Já os Pareceres de Rui Barbosa sobre o Ensino Primário, embora reforçando a ideia do ensino do Desenho com fins industriais, foi enriquecido por outras fontes bibliográficas além dos livros de Walter Smith e por reflexões articuladoras dos princípios da pedagogia intuitiva que orientava todo o

20. W. SMITH, *op. cit.*. p. 200.
21. *Id. ibid.*, p. 203.

sistema de ensino primário proposto por Rui. Combatendo decididamente os métodos verbalistas e orais, considerando-os um processo de asfixia das "faculdades criadoras da inteligência humana"[22] argumentava fortemente a favor da aprendizagem intuitiva através dos sentidos, destacando a importância do Desenho para um ensino desta natureza.

A importância do Desenho como disciplina inseparável da escola popular e uma das forças "mais poderosas para a fecundação do trabalho e o engrandecimento da riqueza dos Estados", Rui acrescenta a sua importância como instrumento de transformação de uma pedagogia meramente retórica e verbalista, num processo de desenvolvimento intelectual através do uso dos sentidos, da percepção e transcrição dos objetos. Froebel, Pestalozzi, Rabelais, Fenelon, Lutero, Bacon e Comenius, frequentemente citados, formaram o embasamento necessário para sua defesa das "lições de coisas" (Object Lessons), método que literalmente identificou com o método intuitivo e que não só defendeu ardorosamente como também divulgou no Brasil, ao traduzir e fazer editar o livro *Primary Object Lessons*, do norte-americano Norman Allisson Calkins, que teve na educação brasileira influência decisiva. Mesmo antes de editado, já o livro de Calkins, traduzido por Rui, fora aprovado oficialmente para o uso nas escolas públicas pelo aviso de 10 de fevereiro de 1882, tendo continuado a ser recomendado especialmente nas escolas normais pelo menos até 1916, conforme testemunho de Lourenço Filho que nesta época – aluno da Escola Normal de São Paulo – usou-o para o preparo de lições. Entretanto, o método intuitivo, que se baseava no estudo das coisas e fenômenos naturais, foi reduzido no Brasil a mera visão ou descrição de objetos desligados do seu ambiente natural e quase sempre sem relação com a vida da criança[23].

Rapidamente degenerou em mero automatismo, perigo acerca do qual já nos alertara Rui Barbosa, o que não impediu que fosse reduzido a questionários pouco estimulantes e à análise visual. O Desenho foi então usado largamente como

22. R. BARBOSA. *Ref. ens. prim.* (1883), v. 10, t. 2, p. 209
23. As lições de coisas foram introduzidas no programa da escola primária pela Reforma Leôncio de Carvalho, para a qual Rui Barbosa elaborou os substitutivos e pareceres, como uma matéria separada no programa com lugar exclusivo no horário, não como em preceito para todas as matérias.

recurso para ativar aquele método que pretendia dar objetividade ao ensino. Era, portanto, empregado, estrategicamente como uma continuação das Lições de Coisas. O Desenho era executado também a partir do material froebeliano, isto é, das figuras geométricas – esfera, cilindro, cubo – e, este processo vigorou na escola primária pelo menos até a década de 20.

Mesmo do ponto de vista quantitativo, o ensino do Desenho ocupa no Parecer de Rui Barbosa sobre o Ensino Primário o lugar mais destacado. Foram-lhe dedicadas 90 páginas contra apenas 37 para as considerações acerca do ensino do Português e Gramática, 35 para o ensino das Ciências Físicas e Naturais, 4 para o ensino da Matemática, 46 para o ensino da Geografia e Cosmografia, 21 para o ensino da História, 6 para os Rudimentos de Economia Política, 20 para a Cultura Moral e Cívica, 6 para o ensino da Música e 34 para o ensino da Educação Física. Isto significa que 1/10 do total de páginas do Parecer foi dedicado ao Desenho, tendo-se incluído para este cálculo o número de páginas dedicadas às considerações de ordem geral. No enunciado das matérias que devem compor o currículo da Escola Primária elementar, o Desenho vem nomeado em 2º lugar; e no currículo da Escola Primária média, em 1º lugar.

Até hoje nenhum projeto de lei concedeu mais de 50 linhas ao ensino da Arte ou ensino do Desenho que, na concepção de Rui Barbosa, estão identificados e assim continuariam, na escola oficial, até 1948, pelo menos: "An Art Class is a Class for instruction in Elementary Drawing"[24] cita o próprio Rui.

Depois de analisar detidamente a posição do Desenho na Educação de países como Inglaterra, Áustria, Prússia, Bélgica, Alemanha, Rui afirma:

> Negar, portanto, um lugar inauferível e de primeiro plano ao Desenho na escola desde os graus mais elementares, é dar cópia de uma ignorância absoluta ou de uma incompetência incurável no exame dos elementos da questão.

Esclarecendo, porém, o que é esta questão, surgem consecutivamente várias outras que, no dizer de Rui, demandariam a mais escrupulosa atenção do legislador e do pedagogo numa reforma séria. O próprio Rui coloca as seguintes perguntas:

24. R. BARBOSA, *op*, *cit.*, p. 124.

a) que espécie de Desenho é o adotável ao ensino escolar?

b) qual a sua contribuição pelos vários estágios do currículo da escola, desde o *Kindergarten* até a escola superior?

c) que método a razão e a experiência impõem a esse ramo da instrução primária?

d) a que mestres incumbe naturalmente o ensino dessa disciplina?

e) quais os meios de formá-los?

Às três primeiras questões são apresentadas respostas interdependentes e fica, em princípio, definida a posição contrária ao Desenho geométrico, com a utilização da régua e compasso. São recomendadas para o Jardim da Infância as construções com as hastes do material froebeliário e posterior desenho das combinações conseguidas.

Para a escola primária, analisa Rui a metodologia usada na Inglaterra e na Áustria através do livro de Grandauner, *Elementar Zeichenschule* (*Elementos de desenho escolar*), e a usada nos EUA através do livro de Walter Smith. Recomenda para o Brasil especialmente as duas primeiras, uma vez que os métodos de Walter Smith "necessitam ainda de uma apuração de resultados mais definitiva". Não deixa de ser curiosa esta afirmação, uma vez que no Parecer sobre Ensino Secundário fora Walter Smith, como já vimos, o guia essencial de suas recomendações teórico-práticas.

Em resumo, dos princípios metodológicos expostos por Rui Barbosa os que maior influência exerceram durante as duas primeiras décadas do século XX foram os seguintes:

1. O professor nunca deve fazer correções no próprio desenho do aluno.

2. Todo o ensino do Desenho deve ter por base as formas geométricas através do traçado a mão livre.

3. Deve-se orientar o ensino do Desenho no sentido da estilização das formas.

3.1. Às formas convencionais – já que regulares – hão de preceder as naturais, irregulares.

3.2. As formas naturais a desenhar hão de ser primeiramente reduzidas às formas geométricas.

4. É importante a utilização da rede estigmográfica para os desenhos de reprodução de modelos de memória ou ditados dada a necessidade de um desenho auxiliado antes do desenho a olho sem recorrer a régua ou compasso.

(Nos primeiros exercícios, a rede estigmográfica deveria ser composta por linhas traçadas a olho pelo próprio aluno, formando pequenos quadrados que depois poderiam ser substituídas por pontos).

5. O desenho por modelos deve ser precedido de um estudo do objeto em sua totalidade e nas suas partes, comparando-as.

6. Desenho a tempo fixo é essencial para vencer a inércia.

7. O desenho de invenção deve compreender a composição com os elementos já apreendidos.

8. O Desenho deve ser utilizado para auxiliar outras matérias, especialmente a Geografia. No Parecer sobre o Ensino Primário chegou até a incluir numerosos exemplares de mapas confeccionados por crianças, para demonstrar a excelência de tal procedimento.

Embora já se tenha mostrado a influência dos princípios positivistas, nos Pareceres sobre Educação, de Rui Barbosa, no que diz respeito ao ensino do Desenho foi a orientação liberal que prevaleceu, não só do ponto de vista dos objetivos, mas dos métodos. A educação popular para o trabalho era a finalidade precípua, e as recomendações metodológicas se dirigiam à necessidade de desenvolver conhecimentos técnicos de desenho acessíveis a todos os indivíduos, para que estes, libertados de sua ignorância, fossem capazes de invenção própria. Educar o "instinto da execução" para que este não fosse empecilho à objetivação da invenção era o princípio básico que repercutiu profundamente na metodologia do ensino da Arte no século XX.

Ensinar primeiro a trabalhar e depois a tirar partido do que se sabe aplicando a destreza técnica em resolver problemas e em dar forma concreta às criações próprias...

era a pragmática defendida em 1908 por Anibal Mattos[25].

O interessante é que Rui, aceitando nos seus Pareceres a ideia da subordinação da natureza à ordem geométrica – baseado principalmente em Pestalozzi – recomendou, entretanto, para a educação de seu filho a aproximação direta com a natureza. Em carta de 25 de junho de 1902 dirigida ao Padre Luís Yabor, diretor do Colégio Anchieta, dizia:

25. A. MATTOS, *op. cit.*, 124.

Desejo que ele prossiga com um bom mestre o estudo da pintura, aprendendo não só a reproduzir, copiar mas a tomar por modelo os da natureza[26].

Não conseguiu, portanto, no caso particular do ensino do Desenho, superar a influência romântica detectada, por muitos estudiosos, em outros aspectos de sua obra. Fortemente atraído por Spencer, o qual procurou demonstrar que na vida do indivíduo e das sociedades os sentimentos, ao contrário do que afirmavam os positivistas comtianos, tinham uma maior importância que as ideias, Rui Barbosa apontava a natureza como veículo de educação dos sentimentos; ou melhor, era dominado pelo axioma romântico de que, quando sentimos a beleza da natureza, lemos nossos estados de ânimo em seus fenômenos.

O desenhar frente à natureza fora introduzido entre nós por Georg Grimm, pintor alemão que chegou ao Brasil em 1874, ensinando por dois anos (1882-1884) na Academia Imperial de Belas-Artes, onde passando a trabalhar ao ar livre com seus alunos, provocou radical mudança de método.

Tal método, pois passou a ser visto como o modo ideal de educação do sentimento, uma vez que a captação da beleza da natureza era considerada sintoma de um bom espírito; neste sentido romântico é que foi tomado por Rui Barbosa. Se o entusiasmo pela natureza por si só não demonstrava uma vinculação ao Romantismo, um argumento decisivo para demonstrá-lo é a afirmação da identidade dos elementos emocionalmente espontâneos com os moralmente válidos da vida espiritual, postulando uma harmonia mística entre o bom e o belo. O efeito moral da Arte é o axioma mais frequentemente repetido na obra pedagógica de Rui. Aventamos a possibilidade de uma influência direta das ideias de Elizabeth Peabody, frequentemente citada por ele.

A concepção da Arte como educação moral também foi expressa por outro liberal, André Rebouças:

O desenho é a escola primeira do belo. O justo, o bom e o belo formam uma trindade sublime[27].

26. *Apud* LOURENÇO FILHO. *A pedagogia de Rui Barbosa*. São Paulo Melhoramentos, s.d., p. 105.
27. A. REBOUÇAS. Generalização do ensino do desenho. *O Novo Mundo*, Nova York, nov. 1878, p. 246.

Esta ideia da Arte presidindo princípios morais e éticos influiu decisivamente nos inícios do século XX, tornando-se mesmo um dos objetivos de seu ensino.

"A Arte porque ela é moral e social é um luminoso instrumento de comunhão entre todos os seres do Universo"[28], dizia Elysio de Carvalho em 1905.

Junto a uma metodologia da Arte profissionalizante, tendo como base os princípios já referidos, conservou-se o método de observação da natureza, dada sua identidade com a ordem moral.

As duas últimas perguntas propostas por Rui e que se referem à adequação e formação do professor são respondidas através de uma reaproximação direta às propostas de Walter Smith, com a afirmação de que é o professor regular (regular teacher) quem deve ensinar o Desenho nas escolas primárias, e através da reafirmação dos modelos ingleses e austríaco quando demonstra a necessidade da criação de uma Escola Normal de Artes Aplicadas e seu Museu para os quais traça todas as coordenadas, recomendando que, para dirigi-los, seja contratado um profissional "versado no sistema e trabalhos do Museu de South Kensington e do Museu Austríaco"[29].

Embora as propostas de Rui não apresentassem nenhuma originalidade, foram resultado de uma longa pesquisa: "usando de uma cultura especializada e técnica até então desconhecida entre nós" e vasta fundamentação bibliográfica, articulava exemplarmente os modelos estrangeiros no sentido de sua adaptação ao Brasil. Seus planos, exequíveis e de grande validade se aplicados, teriam retirado de imediato as escolas secundárias e primárias da influência asfixiante da Academia de Belas-Artes, colocando-as sob a orientação das Escolas Normais de Arte Aplicada. Possivelmente, isto teria criado condições para acelerar o processo de dicotomia entre Arte e Técnica, já delineado àquele tempo e que estava implícito no pensamento de Rui quando afirmou a necessidade da existência de uma Academia de Belas-Artes para o cultivo *superior*[30] da Pintura e Desenho, de uma Escola Normal de Arte Aplicada para o cultivo das formas de arte aplicadas à indústria. Isto apesar de sempre colocar em destaque a impor-

---

28. ELYSIO DE CARVALHO. A arte social. *Almanaque Brasileiro Garnier*, Rio de Janeiro, 3, 1905, p. 263.

29. R. BARBOSA, *op. cit.* v. 10, t. 4, p. 121.

30. O grifo é nosso.

tância do Desenho geométrico e industrial como meio não só de educar para o trabalho como também de desenvolver valores estéticos e espirituais, como se pode depreender de um discurso proferido no Liceu de Artes de Ofícios em 1822. A Teoria da Expressão, baseada nas "Artes Menores" de William Morris que, como Rui Barbosa, demonstrava enorme entusiasmo pela atuação do Museu de South Kensington, é a que mais se aproxima do seu processo de entender Arte e Indústria – uma espécie de utopia sentimental[31].

31. R. BARBOSA, *op. cit.*, V. Bibliografia *in fine* nº 16-A. Sobre educação em geral são citados 451 publicações ao todo e muitas delas, embora não se referissem unicamente ao problema da arte ou desenho na escola, continham capítulos ou referências a respeito.

## 4. A INFLUÊNCIA DO POSITIVISMO

É talvez do ponto de vista de uma política educacional que o liberalismo e o positivismo apresentam pontos divergentes mais acentuados. Proclamada a República, os positivistas, estimulando o avanço reformista, pretenderam consolidar o novo regime pelo qual em parte eram responsáveis através da tentativa de uma mudança radical nas instituições. Grandes reformas se impunham: a militar, a política, a religiosa e a educacional.

A mentalidade positivista quase sectária que se instalou no Brasil, e que encontrou inúmeros adeptos originou-se do movimento de um grupo de estudantes brasileiros formados em Bruxelas. Penetrou pela Filosofia Matemática, principalmente nas Escolas Politécnica e Militar, e encarnou-se na figura de Benjamim Constant, professor desta última, "proclamado, devido aos seus serviços, pela Assembleia Constituinte, o fundador da República"[1]

Coube a ele, como ministro do recém-criado Ministério da Instrução, Correio e Telégrafos, elaborar a primeira refor-

---

1. F. DE AZEVEDO. *A cult, bras.*, t. 2, p. 120.

ma educacional republicana denominada Reforma Benjamim Constant, aprovada em 22.11.1890 pelo Decreto-Lei n. 1075, e que atingiu todas as instituições de ensino. Foi na reorganização da Escola Normal do Distrito Federal e do Colégio Pedro II – que passou a se chamar Ginásio Nacional, e ser modelo (como no projeto de Rui) para todo o ensino secundário no Brasil – que as ideias positivistas alcançaram maior grau de influência.

A Academia Imperial de Belas-Artes conseguiu neutralizar esta influência na Reforma republicana, que lhe deu o nome de Escola Nacional de Belas-Artes, o que fez Gonzaga Duque afirmar que tal reforma se resumira a uma mera mudança de rótulos.

Os positivistas propunham a extinção da Academia e a reorganização completa do Ensino da Arte. Os artistas Montenegro Cordeiro, positivista ortodoxo, Décio Villares e Aurélio de Figueiredo apresentaram um projeto em que ficava bem claro, que, sendo orgânicos os vícios da Academia de Belas-Artes, seria "inútil pretender corrigi-la com reformas ilusórias e superficiais porque serão fatalmente efêmeras"[2]. Propunham o retorno ao processo de aprendizagem "sob o regime de uma digna imitação"[3], "nos *ateliers* livres dos verdadeiros artistas, escolhidos voluntariamente pelos aspirantes a este título".

Com o objetivo de regenerar o povo, achavam ainda que o governo devia difundir o ensino da Arte em todas as escolas públicas de todos os graus, dele devendo encarregar-se os estudantes de Pintura e Escultura nomeados em virtude de prévio concurso, aos quais caberia também a função de preparar os professores e professoras das escolas públicas para presidirem as aulas artísticas "ficando assim aptos a apresentarem um tipo mais completo do *guia mental* da segunda infância"[4].

Outro grupo de artistas, liderado pelos irmãos Bernardelli, procurou "o endosso do prestigiado liberalismo europeu"[5] e submeteu ao governo um projeto que orientou a reforma

2. *Apud* GONZAGA DUQUE, *Contemporâneos*, p. 219
3. *Id. ibid.*, p. 219.
4. *Id. ibid., p.* 220.
5. FLÁVIO MOTTA. «Visconti e o início do século XX". In: ROBERTO PONTUAL. *Dicionário das artes plásticas no Brasil*. Rio de Janeiro, Civilização Brasileira, 1969. s.p.

promulgada em dezembro de 1890 e garantiu a sobrevivência da Escola Nacional de Belas-Artes. Segundo Gonzaga Duque, respeitando os moldes arcaicos disfarçados em reforma, pôs--se o condenado instituto em anacronismo com os puros princípios da democracia.

Embora a afirmação de Gonzaga Duque possa ser considerada tendenciosa, pois ele era partidário do grupo liderado por Montenegro, a verdade é que com a reforma de 1890 se continuou a "divinizar o convencional" e se passou a "mistificar os meios"[6]. Os liberais da Escola Nacional de Belas--Artes ganharam a reforma mas não ganharam a luta porque, os positivistas aderiram e inseriram na Escola aquele sentido de ordem e disciplina que lhes era tão caro, contribuindo assim para a acentuação do imobilismo e para a "sacralização dos aspectos passageiros"[7].

A leitura atenta do projeto dos positivistas esclarece-nos acerca dos objetivos que enfatizavam para a introdução do ensino da Arte nas escolas primárias e secundárias, e que concluímos ser principalmente a regeneração do povo através de um instrumento que lhes educasse a mente. O aperfeiçoamento intelectual era considerado a condição precípua para o progresso social e político, assim como a crise moral era considerada por eles como reflexo da crise intelectual.

A Arte era encarada como um poderoso veículo para o desenvolvimento do raciocínio desde que, ensinada através do método positivo, subordinasse a imaginação à observação identificando as leis que regem a forma.

Augusto Comte, o grande mestre dos positivistas brasileiros, valorizava as funções humanizantes da arte e afirmava a conexão entre o "gênio estético" e o "gênio científico" já que, para ele, a formação científica devia "basear-se naquela formação estética geral que predispõe a desfrutar profundamente todos os modos de idealização"[8], tornando os homens capazes de pensar melhor e de organizar melhor sua vida social.

Rejeitando a especialização profissional, Augusto Comte prescreve para as crianças de 7 ou 8 anos até a puberdade uma educação estética livre, embora não inteiramente espontânea, baseada no ensino da poesia, música e desenho.

6. *Id.*, s.p.
7. *Id.*. s.p.
8. *Apud* IRENE WOJNAR. *Estética y pedagogia*. México, Fondo de Cultura Econômica, 1967, p. 48.

Durante esse período, a cujo ensino predominantemente artístico seria preciso acrescentar o estudo das línguas, o menino não deveria ouvir falar de qualquer das sete ciências da sua famosa classificação:

> Só então atingida a idade de 14 ou 15 anos e depois de iniciado nas artes e nas línguas é que deve começar a instrução científica: das sete ciências fundamentais ele não sabe até essa idade senão o que se aprende espontaneamente por ocasião dos exercícios físicos, dos ofícios e também das Artes que fazem necessariamente alguns empréstimos às ciências[9].

Contudo, a célebre reforma do positivista Benjamim Constant, que influenciou decisivamente a evolução do ensino secundário durante a Primeira República, não deu à Arte a importância reclamada por Augusto Comte e centrou o currículo desde cedo no ensino das ciências.

Os alunos do curso primário (7 a 13 anos) deveriam estudar as Ciências físicas e naturais, a Língua Portuguesa na prática, Lições de Coisas, Desenho e Aritmética seguido do estudo da Geometria Prática, além de Moral e Cívica, e trabalhos manuais (para os meninos) e trabalhos de agulha (para as meninas).

O método proposto foi o "intuitivo servindo o livro como mero auxiliar".

Da análise do documento legal (Lei Benjamin Constant), inferimos que três principais objetivos se destacam:

1º – promover a cientifização do ensino em contraposição à literatização dominante até então;

2º – tornar o ensino, prático, através da transmissão de noções utilizáveis (especialmente em relação à língua nacional) em contraposição ao excessivo conteúdo teórico (especialmente gramatical) que dominava os currículos até então;

3º – tornar o ensino ativo, através do método intuitivo em contraposição ao exagerado verbalismo do ensino livresco, que perdurava apesar da tímida tentativa para vencê-lo, feita através da Reforma Leôncio de Carvalho, de 1879, e das propostas mais veementes e bem fundamentadas representadas pelos trabalhos pedagógicos de Rui Barbosa.

9. ALEXIS BÈRTRAND. Un reformateur d'education. *Nouvelle Revue*, 5 jan. 1898. *Apud* FERNANDO DE AZEVEDO, *op. cit.* t. 3, p. 124.

Entretanto, o espírito classificatório da nova lei prejudicou a implantação de um ensino intuitivo. Por exemplo, colocou Lições de Coisas e Moral e Cívica como matérias em separado no currículo, quando, no sentido da ativação do ensino, como dizia Rui Barbosa, não deveriam ser consideradas como novos conteúdos, mas como diretrizes metodológicas e integrados no ensino das matérias em geral.

O Desenho e as Aritméticas estavam associados e representavam etapas preparatórias do ensino de Geometria, como se pode depreender do enunciado da lei que recomendava o ensino da Aritmética e Desenho seguido da Geometria Prática. O Desenho aparecia presente no currículo apenas pelas suas possíveis contribuições ao estudo da *ciência* e já de início era com ela conectado, pelo menos nominalmente, o que obviamente foi uma interpretação radical das ideias de Gomte, baseada principalmente nos objetivos por ele propostos e não na metodologia por ele apontada.

Se é bem verdade que, para Comte, o principal objetivo do ensino da Arte na infância era a preparação para a formação científica, representava, entretanto, um disciplinamento não formal da mente através de uma metodologia baseada na estética. Portanto, antes da puberdade não poderia estar ligado ao ensino da ciência pois, como já vimos, desta a criança não deveria ouvir falar até a idade de 14 ou 15 anos.

Como observou José Veríssimo, Benjamim Constant não refletira suficientemente sobre as concepções de educação que estavam expressas nos tratados de filosofia e política ou se podiam deduzir desse sistema filosófico[10].

Depois das inúmeras críticas da época a este texto legal, o ensino do Desenho na escola primária para ser estético voltou a se basear na cópia. Não aquele tipo de cópia recomendado pelos liberais, através da qual o aluno repetia a figura que via ser desenvolvida diante de seus olhos enquanto era traçada pelo professor no quadro-negro, mas principalmente a cópia de estampas.

A concepção de que a cópia de estampas treinava melhor a observação que a cópia da natureza foi uma ideia que nos veio do neoclassicismo, assimilada dos tratadistas italianos do século XVI, principalmente de Scalegero, para quem o

10. *Id. ibid.*, t. 3, p. 123.

princípio aristotélico da *mimesis* devia exercer-se sobre a obra artística considerada mais perfeita que a própria natureza.

O excessivo intelectualismo e antiindividualismo foi o fator determinante dos meios de ensino artístico, e denominador comum entre as práticas artísticas influenciadas pelo positivismo e neoclassicismo. O conteúdo da Geometria Prática se vinculava ao estudo dos conceitos de linha, figuras e sólidos geométricos e ao traçado preciso com o uso de instrumento. A ênfase era maior no conceito que no traçado. O traçado era encarado como demonstração do saber teórico. Destes métodos, o primeiro – a cópia de estampas – já combatido naquele tempo, recebe nova carga de combatividade, mas nos primeiros 20 anos do século XX ainda não teria sido completamente banido das escolas primárias.

Anibal Mattos comenta, em 1908[11], que a cópia de estampas ainda era usada em algumas escolas no Estado de Minas Gerais; e Modesto Brocos, em 1917, critica o fato de que ainda naquela época tal método era usado "pelos professores e professoras amadores, que por toda parte pululam"[12].

O currículo do Ginásio Nacional, modelo para os estabelecimentos de ensino secundário, mesmo particulares, respeitava a classificação positivista das ciências dando, portanto, ênfase especial à Geometria. Curiosamente, o Desenho, matéria obrigatória do currículo, não era desenho geométrico, como se poderia esperar de um currículo que, baseando-se nas ideias de Comte, a partir da adolescência deixaria de lado os aspectos estetizantes, mas desenho de ornatos o que representava, na época, uma direta influência da metodologia dominante na Escola de Belas-Artes.

A oposição irredutível entre Arte e indústria influenciava a Escola de Belas-Artes, no sentido da não aceitação de um estilo baseado na expressão direta dos objetos fabricados pela máquina, mas em favor de uma decoração sobreposta, mais ou menos na direção do que fora expresso por Owen Jones na sua *Grammar of Ornament*, escrita em 1856[13]. Este ecletismo revela-se, a partir de 1890, na arquitetura brasileira, povoada de florões, grinaldas de baixo-relevo, faixas de alto-relevo,

11. A. MATTOS, *op. cit.*, p. 116.
12. MODESTO BROCOS. *A questão do ensino de Belas-Artes*. Rio de Janeiro, s.c.p., 1915, p. 34.
13. Ver PIERRE FRANCASTEL. *Arte e técnica*. Lisboa, Livros do Brasil, s.d., p. 38.

enfim, de elementos sobrepostos "perdendo-se a noção dos planos e do equilíbrio das formas"[14].

No ensino secundário, o estudo dos ornatos feito mediante o desenho de observação de modelos de gesto, era a dominante. No intuito de nacionalizar o ensino dos ornatos, foram encomendados pelo Dr. Ramiz Galvão, Inspetor Geral do Ensino, ao artista B. Cellini, modelos em gesso de flores e frutos brasileiros, mas também encomendados modelos na Europa. Na Escola Normal, o estudo do Desenho compreendia estudo geral do traço a mão livre, ornamentação vegetal e animal, desenho colorido; ditado de memória e de invenção ou composição caligráfica (letra gótica e de fantasia).

O Pedagogium – uma espécie de biblioteca-museu para auxiliar os professores – possuía para o ensino do Desenho "riquíssima coleção de peças em gesso da casa Delagrave, álbuns de estampas e a série de modelos da escola de Ia Matinière, em Lyon"[15]. Não era exigido exame para as cadeiras de Desenho, Música e Ginástica, porque se dirigiam mais ao desenvolvimento da inteligência e do corpo do aluno do que ao propósito de ensinar-lhe algum conteúdo.

O currículo de Benjamim Constant pretendia ser um currículo formativo e não apenas uma preparação para a escola superior.

O Desenho geométrico não constava dos programas de Desenho, porque fazia parte dos programas de Geometria, considerado trabalho gráfico correspondente às noções aprendidas.

No currículo de Benjamim Constant para o curso secundário, os conteúdos da Geometria eram os mais extensos e seu estudo, de um aprofundamento excessivo.

Para termos uma ideia, no 3º ano, os alunos de 14 a 15 anos tinham que dominar Geometria descritiva – teoria das sombras e perspectiva com trabalhos gráficos correspondentes; Geometria geral e seu complexo algébrico; cálculo diferencial e integral, limitado ao estudo da mecânica geral propriamente dita.

Como já vimos, o ensino da Geometria começara a ser imposto no Brasil, a partir das tentativas de reforma cientificistas e antijesuíticas do século XVIII e atingiu alto nível de im-

---

14. MÁRIO BARATA, *op. cit.*, p. 423.
15. PRIMITIVO MOACYR. *A instrução e a república*. Rio de Janeiro, Imprensa Nacional, 1942, v. I, p. 238.

portância no século XIX, antes mesmo de que a educação brasileira recebesse os primeiros influxos da doutrina positivista.

Por exemplo, desde 1831 exigia-se dos alunos da Academia Imperial de Belas-Artes prova de ter cursado Geometria na Escola Militar: em 1827, a aprovação em Geometria era requerida para o ingresso nos Cursos Jurídicos[16]; e quando da criação do primeiro Curso de Cirurgia do Brasil, que funcionava no Hospital da Misericórdia do Rio de Janeiro, foi permitido àqueles que soubessem Latim ou Geometria matricularem-se diretamente no 2º ano "pois o conhecimento de tais matérias era sinal de que os seus cérebros estavam mais desenvolvidos"[17].

Já nos programas de Geometria das aulas regias, traçadas pela Mesa do Desembargo do Paço, a 14 de Julho de 1809, eram explicitados objetivos e métodos que se identificariam com aqueles propostos pelos positivistas 80 anos depois. Dizia o citado despacho:

> No ensino da geometria teórica procurará (o professor) acostumar o entendimento dos seus discípulos a sentir a evidência dos raciocínios, a apreciar a exatidão e a pensar metodicamente. Mostrará sucessivamente o uso e a aplicação de todas as proposições de Geometria!... expondo o método de pôr em prática as operações geométricas[18].

A afirmação do caráter propedêutico da Geometria Teórica, concebida como meio de desenvolver o raciocínio, foi princípio comum ao iluminismo pombalino, que nos atingiu no início do século XIX, e ao cientificismo positivista, da mesma maneira que tinham alguns pontos de contato, embora não fossem totalmente idênticos, os métodos de "por em prática as operações geométricas" e de "elaborar trabalhos gráficos correspondentes às noções aprendidas", determinados pelo despacho de 1809 e pela reforma de 1889.

16. *Apud* MARIA DE LOURDES MARIOTO HAIDAR. *O ensino secundário no Império Brasileiro*. São Paulo, Ed. Grijalbo, 1972, p. 47: "A mesma lei de 11 de agosto de 1827, que criou as Academias de São Paulo e Olinda determinava em seu artigo 8?: os estudantes que se quiserem matricular nos cursos jurídicos devem apresentar as certidões de idade, que mostram a de ter quinze anos completos e de aprovação de língua francesa, gramática, latina, histórica, filosofia racional e moral e geometria".
17. M.B. NIZZA DA SILVA, *op. cit.*, p. 149.
18. *Id. ibid.*, p. 140.

A importância fundamental atribuída à Geometria e o alto grau de conteudização na escola secundária alcançado por ela, através da Reforma de Benjamim Constant, não adveio somente da sua inclusão entre as ciências positivas nem do fato de ter o mestre positivista Augusto Comte, um especialista na matéria, escrito um tratado de Geometria Analítica, mas principalmente de que, como diz Antonio Paim, a mentalidade positiva brasileira não acompanhou a evolução do próprio pensamento científico, mantendo-se adstrita a uma conceituação oitocentista da ciência[19]. Não se tratava, portanto, de um conceito operacional da ciência, mas de dar aparência cientificista a uma especulação no estilo da metafísica tradicional, o que já ocorrera no Brasil, embora esparsamente e circunscrito especialmente ao caso da Geometria, nos inícios do século XIX.

Já se tem afirmado que através do positivismo recebemos a herança da ilustração europeia do século XVIII, embora acrescida de uma visão histórica aparentemente renovadora.

Augusto Comte e seu conceito de ciência estava, para nós, mais próximo a uma revisão do passado do que de uma projeção para o futuro. O positivismo nos revelou o caráter lógico dedutivo da ciência, paralelo, mas não identificável com o empirismo comtiano.

Com a morte de Benjamim Constant, sua Reforma viria a sofrer várias modificações configuradas no Código Fernando Lobo, que vigorou de 1892 a 1899, embora mantivesse os princípios básicos do positivismo. Segundo esta nova lei o currículo passou a se orientar em direção à preparação do aluno para a escola superior, limitando-se os objetivos formativos ao simples desenvolvimento do raciocínio, e tendo havido uma larga percentagem de diminuição nos conteúdos da Geometria.

Observamos que, à medida que o currículo vai se tornando menos carregado de noções de Geometria, vão-se geometrizando os programas do Desenho, assumindo o Desenho geométrico aquela função propedêutica de desenvolver a inteligência atribuída à geometria pelos positivistas. Talvez este processo representasse, além disso, uma submissão ao preconceito contra a Arte como criação, ou ainda, para usar a

---

19. ANTONIO PAIN. *História das ideias filosóficas no Brasil*. São Paulo, Grijalbo, 1967, p. 198.

linguagem da época, a Arte como Beleza, num currículo que não tinha objetivos formativos gerais, mas cuja finalidade era apenas preparar para a escola superior.

A geometria era matéria de exame para entrar nas faculdades e, portanto, à medida que se geometrizava o conteúdo do Desenho, maior importância se atribuía a ele. Passou a ser exigida prova prática de desenho.

Enfim, os positivistas, dominados pelo sentido de ordem expresso no lema (ordem e progresso) e na própria forma caracterizada pela superposição de figuras geométricas da Bandeira por eles criada pra simbolizar o Brasil Republicano, imprimiram ao ensino da Arte um excessivo rigorismo, baseado na ideia do princípio de ordenação das formas e na ideia de que o individual, enquanto elemento de expressão e composição, passa a ser insignificante para o próprio indivíduo.

O caráter antiindividualista da concepção positivista da Arte torna-se evidente se refletirmos sobre o conceito de Arte expressa por Vicente Licínio Cardoso, o filósofo da Arte positivista no Brasil. Dizia ele:

A Arte é o meio de expressão através do qual os organismos sociais se manifestam[20].

O reconhecimento da Arte como fenômeno social referia-se não só às origens da criação artística, mas às próprias funções da Arte que passaram a ter como objetivo primordial despojar o indivíduo de si mesmo e identificá-lo com todos: o que no Brasil se procurou fazer através de uma submissão à estética realista ou através da cientifização da forma pela geometrização. Nesta última corrente inscreveu-se o positivista Martins Júnior, afirmando:

A Arte de hoje, creio, se quiser ser digna do seu tempo, digna do século que deu ao mundo a última das seis ciências fundamentais da classificação positiva, deve ir procurar suas fontes de inspiração na Ciência, isto é, na generalização filosófica estabelecida por Augusto Comte sobre aqueles seis troncos principais de todo o conhecimento humano[21].

20. VICENTE L. CARDOSO. *Philosofia da arte*. 2. ed. Rio de Janeiro, José Olympic 1953.
21. *Apud* ROQUE SPENCER MACIEL DE BARROS. *A ilustração brasileira e a ideia da universidade*. São Paulo, USP, 1959, p. 141.

A obra de Vicente Licínio Cardoso, considerado o primeiro filósofo latino-americano da Arte, demonstra a identidade dos princípios positivistas com o realismo estético.

Para ele, a lei dos três estados, aplicada às artes em geral e a cada arte em particular, é chamada de lei do idealismo. Essa lei, segundo a qual o grau de idealização do real diminui continuamente, nada mais é, de resto, que o reflexo da evolução mental do homem (lei dos três estados) e, consequentemente, da evolução do organismo social (lei dos três estados). Em resumo, a mesma lei (dos três estados), que expressa o evoluir das civilizações, traduz também a evolução dessas mesmas civilizações. Dentro de cada arte, diz Licínio Cardoso,

> há a tendência fatal do realismo, isto é, a evolução se faz do estado de ficção ao estado positivo, da imaginação à realidade[22].

Sua obra, escrita em 1917, justifica toda uma pedagogia da Arte que vinha sendo aplicada na Escola Nacional de Belas-Artes através dos inúmeros professores positivistas que ela abrigava como Basílio de Magalhães, Almeida Reis, Décio Vilares, Rodolfo Amoedo, Aurélio Figueiredo, Manuel Madruga, Francisco Baiardo, Newton Sá, Raimundo Cella e Eduardo Sá.

Este último, ainda em 1927, em entrevista dada a Angyone Costa, defendia a radical proposta positivista de 1890 para que se fechassem as portas da Escola Nacional de Belas-Artes e se estabelecesse o ensino livre (*atelier*) por meio de cursos subvencionados[23].

No Liceu de Artes e Ofícios ensinavam os seguintes positivistas: Antônio Eugênio dos Santos, Raul Guedes e o Dr. Francisco Carlos da Silva Cabrita, que foi também diretor da Escola Normal e diretor da Instrução Pública do Distrito Federal.

No Colégio Pedro II, não só lecionando como determinando os programas considerados modelos para todo o ensino secundário, atuavam os positivistas: Antônio Carlos de Oliveira Guimarães, fundador da primeira sociedade positivista do Brasil, Timóteo Pereira, Alfredo Coelho Barreto, Rodolfo

---

22. *Apud* JOSE ANTONIO TOBIAS. *História das ideias estéticas no Brasil*. São Paulo, Grijalbo, 1967, p. 53.
23. ANGYONE COSTA. *A inquisição das abelhas*. Rio de Janeiro, Pimenta de Mello, 1927, p. 42.

Paula Lopes, Agiberto Xavier, Pedro Couto e Hannemann Guimarães[24]. Como já vimos, através de Licínio Cardoso os princípios racionalistas do positivismo se associaram a uma estética realista, o que vem responder negativamente, pelo menos no domínio da Arte, aquela indagação de Sérgio Buarque de Holanda: "Não existiria à base dessa confiança (dos positivistas) no poder milagroso das ideias um secreto horror a nossa realidade"[25]?

Há apenas uma explicitação a ser feita. A aproximação dos positivistas ao realismo estético estava revestida daquele tom milagroso de que fala Sérgio Buarque de Holanda. Talvez porque, como diz Cruz Costa, a filosofia europeia do século XIX estava toda ela impregnada de romantismo e o próprio positivismo "na sua aventura brasileira"[26] apresentou este caráter revestido de uma auréola utopista. Entretanto, do ponto de vista do ensino da Arte, o liberalismo de Rui Barbosa orientou-se em direção a uma metodologia romântica, e o positivismo em direção a uma metodologia realista, especialmente no campo do ensino superior, embora este realismo estivesse envolvido por uma atmosfera mística resultante de um romantismo generalizado. No ensino secundário e primário, o estabelecimento de uma pragmática articuladora das duas correntes foi tentada principalmente no período de 1901 a 1910.

24. IVAN LINS. *História do Positivismo no Brasil*, s.l.p. Ed. Nacional, 1964, p. 510.
25. SÉRGIO BUARQUE DE HOLANDA. *Raízes do Brasil*. 5. ed. Rio de Janeiro, José Olympio, 1964, p. 118.
26. CRUZ COSTA. *Contribuição à história das ideias no Brasil*. 2. ed. Rio de Janeiro, Civilização Brasileira, 1967, p. 69.

## 5. ARTICULAÇÃO ENTRE LIBERALISMO E POSITIVISMO

Em substituição ao Código Fernando Lobo, foi decretada uma reforma educacional: o Código Epitácio Pessoa, que vigorou de 1901 a 1910 e deu especial atenção ao ensino secundário.

O curso primário, de competência do governo dos Estados foi de tal modo descurado nas primeiras décadas do século XX, que levou à espantosa percentagem de 90% de crianças brasileiras privadas do ensino elementar ao atingirmos o ano de 1921[1]. Neste período somente os Estados de São Paulo, Distrito Federal (hoje Rio de Janeiro) e Minas Gerais, pelas suas condições econômico-culturais privilegiadas, apontaram índices de progresso no ensino primário e normal.

O Código Epitácio Pessoa, embora de um modo geral ainda na esfera de influência do positivismo, no que diz respeito aos objetivos e métodos do ensino do Desenho propôs uma solução eclética, reunindo os princípios positivistas e

---

1. Afirmação do Ministro Alfredo Pinto. *Apud* PRIMITIVO MOA-CYR, *op. cit.*, v. 2, p. 187.

liberalistas. Determinou como objetivo principal o desenvolvimento das ideias e do raciocínio: o modelo propedêutico positivista.

O Desenho no plano geral dos estudos deverá figurar como perfeita linguagem descritiva, de sorte a ser utilizado como instrumento prestadio de comum transmissão de concepções e ideias concretas[2].

Entretanto, do ponto de vista metodológico, propôs a articulação das variáveis determinadas por Rui Barbosa, literalmente transcritas de seus Pareceres sobre a Reforma do Ensino, e as propostas dominantes no período anterior lideradas pelas práticas da Escola Nacional de Belas-Artes, isto é o estudo dos ornatos.

Dizia a nova lei:

O curso, começando por simples combinações lineares, deverá passar, mediante a mais rigorosa gradação, à cópia expressiva, a mão livre, do desenho executado pelo professor, à execução do desenho ditado, de desenhos de memória e de invenção ao desenho de modelos naturais ou em relevo.

Na primeira parte podemos identificar os processos propostos por Rui recomendados por Abílio César Pereira Borges e inspirados nas práticas de Walter Smith.

A recomendação do uso de modelos naturais é a vitória da metodologia romântica sobre a cópia de estampas que o realismo, aliado ao positivismo, pretendia reintroduzir nas escolas brasileiras, de início a nível primário, mas gradativamente também alcançando os cursos secundários. A cópia de "modelos naturais ou em relevo" não permitia, entretanto, o individualismo interpretativo, mas visava uma representação o mais possível aproximada ao real. Para que este propósito fosse exequível, os chamados modelos naturais eram restringidos a objetos e, portanto, não se confundiam com aquela visão mais ampla da natureza em forma de paisagem, característica do romantismo.

Além disto, em alguns casos, ou melhor, para alguns professores, a expressão "modelos naturais" significava mais precisamente o processo de desenhar de observação frente a

2. *Id. ibid.*, p. 86.

78

uma forma objetiva tridimensional e, portanto, real, natural e não copiada de cartões impressos, mesmo que essa forma fosse simplesmente um sólido geométrico. Theodoro Braga, um dos artistas brasileiros mais engajados no ensino da Arte, afirmava:

> Não condeno quando o aluno executa um prisma ou outro corpo sólido (geométrico) tendo diante de si esse mesmo corpo do prisma e não estampado em um papelão.
> Vendo-o, ele percebe, sente e reproduz a sua forma. E copiar assim não é buscar na natureza a forma de que ele necessitava?[3]

O texto da lei de 1901 acerca do ensino do Desenho dizia ainda:

> Todo o ensino, tendo por fim educar no aluno o lance de vista rápido e seguro e desenvolver nele o sentimento das formas e proporções, deverá ter por base a morfologia geométrica.

Não só neste último parágrafo da lei, mas também nos três parágrafos que se seguem podemos detectar a influência de Rui Barbosa ou melhor, a transcrição quase literal de suas propostas.

> As formas convencionais, atenta sua regularidade hão de preceder as naturais que são irregulares.
> As formas naturais que se tiverem de desenhar, hão de ser primeiramente reduzidas às geométricas em que se basearam.

Devemos lembrar que isto foi textualmente recomendado por Rui Barbosa quando tratou da estilização.

> A percepção há de preceder à execução, sendo vedado que o aluno comece a desenhar qualquer objeto ou modelo antes de o ter estudado com sua totalidade e nas suas partes, comparando-as entre si. O estudo da perspectiva deve entrar a propósito, de modo elementar e intuitivo, e em uma escala rigorosamente graduada.
> O curso deverá finalizar pela prática do desenho projetivo precedida da resolução gráfica dos mais importantes problemas da geometria descritiva.

---

3. THEODORO BRAGA. Arte do desenho. O *Jornal do Pará*, 19 de agosto de 1909.

O último parágrafo comprova que já afirmamos acerca da pedagogia positivista do Desenho sobre a gradual transferência do estudo prático da Geometria para a área do Desenho, resultante da transformação de uma hermêutica extremamente literal das ideias comtianas num processo de interpretação mais aberto e adaptado à realidade brasileira da época: por um lado, falta de professores capacitados para dar nas escolas do curso secundário dos Estados, os vastos e profundos conteúdos dos programas de Geometria; por outro lado, a dificuldade de assimilação desses conteúdos por parte do adolescente brasileiro, cujo desenvolvimento intelectual tinha sido retardado pela natureza dos modelos educacionais a que tinham estado submetidos até então. Para não menosprezar a Geometria tão cara aos positivistas simplificando-a excessivamente, aderiram, pouco a pouco, às propostas metodológicas liberais de introduzir nos programas de Desenho noções básicas de Geometria.

Assim o primeiro ano deveria compreender: desenho a mão livre com aplicação especial ao ornato geométrico plano; o segundo ano, estudos de sólidos geométricos acompanhados do princípios práticos de execução das sombras e ornatos em relevo; no terceiro ano, desenho linear geométrico, elementos de perspectiva prática a vista; no quarto ano, elementos de desenho geometral ou da representação real dos corpos.

Como vemos, mudara a orientação estetizante do período anterior ligada aos ornatos, que passaram a ser submetidos à ordem geométrica.

De acordo com esta lei, deveria haver provas gráficas de desenho no fim de cada ano, visando à promoção ao ano seguinte da mesma maneira que havia provas escritas e/ou orais para as outras matérias.

O desenho também constava do exame de madureza destinado a verificar se o aluno ao fim do curso secundário tinha assimilado a soma de cultura intelectual necessária.

Um ponto de contato entre as correntes liberais e positivistas acerca da natureza do desenho permitiu o ecletismo deste programa. Ambas as correntes concebiam o desenho como uma forma de linguagem.

Que ele (o estudante) aprenda o desenho como aprende a ler e a escrever, isto é, como instrumento próprio para desenvolver no futuro os seus conhecimentos[4]

Era o pensamento comum. Entretanto, a interpretação da natureza desta linguagem seguia diferentes caminhos.

O desenho com a conotação de preparação para a linguagem científica era a interpretação veiculada pelos positivistas; o desenho como linguagem técnica, a concepção dos liberais. Entretanto, a partir de 1901, passaram a exigir uma gramática comum, o desenho geométrico, que era proposto nas escolas primárias e secundárias como um meio, não um fim em si mesmo.

Para os positivistas era um meio de racionalização da emoção e, para os liberais, um meio de libertar a inventividade dos entraves da ignorância das normas básicas de construção. No entender dos liberais "barbosianos", a liberdade exigia o conhecimento objetivo das coisas.

Entretanto, uma série de variáveis de outra natureza iria estimular o progresso da posição positivista em direção a um exagero da importância do desenho geométrico, transformando-o num fim em si mesmo.

No início do século XX, um sistema dual estava nitidamente implantado no campo da educação brasileira:

A escola primária, a escola normal e as chamadas profissionais (e posteriormente industriais) constituíam um dos sistemas; e a escola secundária de tipo acadêmico, propedêutica ao ensino superior, o segundo sistema[5].

Como diz Anísio Teixeira, neste último dominava a filosofia dos estudos, supostamente treinadores da mente e transmissores de cultura geral e, no primeiro, sob influência, dos princípios liberais, dominava a da formação prática e utilitária para o magistério primário, as ocupações manuais ou os ofícios as atividades comerciais, etc.

No campo da educação popular profissional e técnica, a adoção das propostas liberais para o ensino do Desenho, tan-

---

4. *Id*. O desenho ao mesmo tempo que o A. B.C. O *Jornal do Pará*, 19 de setembro de 1909.
5. ANÍSIO TEIXEIRA. *Educação no Brasil*. Suo Paulo, Ed. Nacional, 1969, p. 49.

to do ponto de vista dos objetivos como das metodologias, foi pacífica e liderada, em grande parte pelos Liceus de Artes e Ofícios. As 19 Escolas de Aprendizes e Artífices criadas pelo Governo Federal, em 1909, receberam uma evidente influência dos Liceus de Artes e Ofícios na sua organização, principalmente quanto à convicção de ser o desenho o alicerce do ensino industrial. Contudo, mantendo um currículo variado, os Liceus de Artes e Ofícios abrigavam o desenho geométrico, o desenho de figura, o desenho de máquinas, o desenho de arquitetura civil, o desenho de arquitetura naval e o desenho de ornatos.

Este último parece ter-se orientado naquelas instituições desde o início do século, no sentido da difusão do *art nouveau*. Flávio Mota afirma que o foi sistematicamente no Liceu de Artes e Ofícios de São Paulo, tendo sido, estimulado pelo engenheiro Ramos de Azevedo e ligado aos princípios liberais:

> "O estilo *art nouveau* muito se aproximou do liberalismo do século passado, situou-se entre o 'natural' (não elaborado) e a máquina e por vezes satisfez-se em reduzir a mulher a vegetal". "Representou porém, função intermediária entre a indústria e a arte".[6]

Também foi duradoura a utilização dos exercícios com a rede estimográfica nas escolas profissionais, uma das propostas, do liberalismo. Pelo menos até 1962 era comum este exercício nas escolas ditas profissionais do Recife, segundo pesquisa realizada pela autora.

No que diz respeito ao ensino de Desenho na escola primária, embora inscrita no sistema de educação utilitária e, portanto, situada na zona de influência das correntes liberais de ensino do Desenho, duas diferentes orientações lutavam para se impor – a baseada no desenho geométrico e a baseada no desenho do natural.

Houve inclusive a este respeito uma polêmica em O *Jornal*, do Pará, em 1909. Estavam os educadores no Pará, naquele tempo, empenhados no desenvolvimento do ensino do Desenho, em especial do desenho com fins industriais.

Esta região atravessava um período de grande desenvolvimento econômico, graças à produção e expansão da borracha. Entretanto, o Brasil apenas exportava a matéria-prima, enquanto, em algumas colônias holandesas e inglesas na Ásia,

6. F. MOTTA, *op. cit.*, s.p.

o produto já começava a ser aproveitado tanto agrícola como industrialmente[7].

Daí a enorme preocupação com a industrialização e com os aspectos do Desenho na escola em todos os níveis, que despontou naquele Estado no começo do século.

Num artigo do jornal *O Estado do Pará*[8] escrito em 1915, foi, talvez, a primeira vez que se fez referência no Brasil à importância que teve o ensino do desenho artístico e industrial para a prosperidade das nações do Oriente. A preocupação com a concorrência asiática sentida na Exposição da Borracha, de Londres, em 1914, era evidente.

Os partidários do desenho geométrico na Escola Primária argumentavam a favor do utilitarismo e praticidade de que deveria ser revestido o ensino neste grau:

"À escola primária concorrem as crianças situadas em todas as classes sociais"; a maior parte dessas crianças, completo o curso primário, abandona o caminho da escola pela necessidade urgente de trabalhar. Desta maior parte, alguns vão fazer carreira nas profissões elementares, ferreiros, serralheiros, marceneiros, carpinteiros, pedreiros, entalhadores, canteiros, pintores, decoradores, etc.

Perguntamos, de que servirá o desenho a esta gente o tal desenho "d'apres nature", se eles não estudaram nenhuma definição de linhas, se não aprenderam a noção de escala geométrica, se não sabem o que é um ângulo, um triângulo, um quadrilátero, uma linha a prumo, uma linha horizontal, etc.

Verifica-se a triste ignorância que se vê em grande número de operários nossos, que sabem pintar quadros a lápis de navios no alto mar e não sabem se servir da sua régua e esquadro para traçar duas paralelas[9].

Em outro artigo dizia o mesmo cronista, que se assinava *M*:

O desenho geométrico é tão essencial que sem ele não se pode fazer desenho algum, pois que só existem três espécies de desenho:

1. figuras planas
2. desenho projetivo

7. Ver acerca do apogeu da borracha: EDGAR CARONE. *A república velha*. São Paulo, Difusão Europeia do Livro, 1970, p. 60-67.
8. BARTOLOMEU DIAS. O estudo do desenho. O *Estado do Pará*. 13 de julho de 1915.
9. Arte do desenho, por M. O *Jornal do Pará*, 23 de agosto de 1909

3. desenho perspectivo

Em nenhum deles pode ser prescindido o desenho geométrico.

É o conhecimento que serve a todas as profissões, quer industriais, quer liberais.

É o primeiro degrau da escola de estética, é o preliminar necessário à educação da vista, da mão e do gosto[10].

Respondendo a estas afirmações, Theodoro Braga a princípio concorda com o ensino do desenho geométrico como passo inicial, mas seguido do desenho do natural, "porque o primeiro mostrará o matemático em embrião, mas o segundo apontará o artista da alma nobre e elevada"[11] ; e tenta demonstrar que só se chega a conseguir o objetivo da educação da mão, da vista e do gosto tendo a natureza como único modelo. Diz ainda:

Que triste coisa para nós, vermos os nossos operários incapazes de produzir uma obra de arte, original e nobre? Seremos porventura feitos diferentemente do inglês, do alemão, do italiano ou do francês? É porque os nossos operários ignorantes do desenho natural, não fazem senão copiar inconscientemente desenhos de catálogos que nos vêm do estrangeiro. E por que não tirar de uma flor, de um animal, de uma forma, dentro da natureza, um motivo, um assunto, para, interpretado à sua maneira de sentir, compor um detalhe de arquitetura, de mobiliário, de decoração, etc.? E o nosso futuro operário é a criança de hoje.

Continuando a polêmica, o cronista M. afirma que é contra a lógica começar o ensino pelo mais difícil e que o desenho da natureza é uma forma mais complexa que as geométricas.

Ao que Theodoro Braga responde, radicalizando sua posição[12], e citando um artigo de E. Pothier, conservador do Museu e professor da Escola de Louvre, publicado em *Les Temps*, 10 de janeiro de 1909:

Um menino de oito anos pode se interessar pela cópia de um copo que é um cilindro, de um balão que é uma esfera, de um mostrador de relógio que é um círculo com seus raios, mas repelirá se se falar de cilindro, esfera, raios em uma idade incapaz de compreender essas abstrações.

10. *Id. ibid.*, 18 de agosto de 1909.
11. T. BRAGA. Arte do desenho. *O Jornal do Pará*, 19 de agosto de 1909
12. *Id. ibid.*, 25 de agosto de 1909.

Se prescreve o emprego dos sólidos geométricos na classe com a condição de que eles sirvam de termos de comparação de controle, para uma correção de deveres e não de modelos.

Preocupados ambos os polemistas com a educação popular, para um, ela deveria ter como base o desenho técnico e, para outro, o decorativo. Um se orientava no sentido da escola americana e o outro no sentido da escola francesa do século anterior.

Theodoro Braga (1872-1953) teve larga influência no ensino da Arte no Brasil, vindo a ensinar no Rio e em São Paulo, tendo sido inclusive o organizador do ensino profissional do Distrito Federal em 1923.

Sempre se orientou no sentido da arte decorativa em que o motivo brasileiro fosse estudado e estilizado, definindo esta estilização como interpretação ornamental procurada de um objeto.

Seu processo de ensino era, segundo ele, o da Escola de Guerin, ou mais precisamente, o de Eugene Grasset, mestre daquela escola. Seguia os seguintes princípios:

1º – apropriação da obra a seu destino;

2º – estilização pela forma das propriedades de cada material;

3º – a natureza como principal livro ornamental a ser consultado.

Dizia: "Diante do modelo de uma flor a criança depois de a desenhar e colorir aproveitará os seus elementos como motivos ornamentais, aplicando-os a destinos determinados".

Como sabemos, Grasset (1845-1917) esteve ligado diretamente à difusão da *art nouveau* na França, e um outro brasileiro, Eliseo Visconti (1866-1944), que fora seu aluno, já em 1901 tentara chamar a atenção do público do Rio de Janeiro para a importância da arte decorativa aplicada à indústria. Entretanto, embora professor da Escola Nacional de Belas--Artes, somente em 1934 conseguiu estabelecer um curso nos moldes de Grasset e, ainda assim, na Escola Politécnica do Rio de Janeiro.

Na Escola de Belas-Artes, a arte decorativa à qual alguns negavam validade de categorização, – afirmando existir composição decorativa mas não arte decorativa – continuou ligada ao ornato, ou melhor ao estudo de peças acessórias ou conjunto delas que decoram uma obra arquitetônica ou escultórica, durante todo o período que estamos estudando. Era portanto uma orientação no sentido inverso ao da *art nouveau*, definida como "a natural outgrowth of a medium and of the process of manufacture"[13].

Também no curso secundário, que representava a outra face de nosso sistema educacional, oposta à escola primária e profissional pela natureza de seus objetivos e pela clientela a qual atendia, estabeleceram-se duas diferentes correntes na metodologia do ensino do Desenho. Novamente o binarismo nos padrões brasileiros de educação e cultura.

O ginásio destinava-se ao preparo para a escola superior e brindavam à elite ou classe dirigente com uma educação qualificada de teor intelectualista e teórico ou pretensamente humanístico.

Apesar de que as sucessivas legislações do ensino, aprovadas no período de 1900 a 1922, se referiam textualmente à necessidade de transformar o curso secundário de simples degrau para o curso superior em um curso formativo que importasse por si mesmo, estas mesmas legislações reforçaram-lhe o privilégio de conduzir aos cursos superiores, emprestando--lhe uma superioridade sobre os demais ramos de ensino e indiretamente estimulando sua proliferação.

Estas escolas "para o treino da mente" eram de montagem muito mais barata que as escolas profissionais, as quais exigiam oficinas e laboratórios; por outro lado, o governo instituiu mecanismos legais através dos quais, pelo regime das equiparações, permitiu que os títulos conferidos por colégios particulares tivessem a mesma validade que os dos colégios oficiais.

De tal modo, somente o ensino secundário haveria de constituir a grande via para a educação das classes mais altas do país, ou dos que a elas pretendessem ascender. O ensino primário, o normal e o técnico-profissional ficam como becos sem saída para onde iriam os alunos que não puderem frequentar o secundário preparatório ao superior[14].

O ensino do Desenho neste grau, após a breve simbiose entre as correntes positivista e liberal que o orientou durante a vigência do Código Epitácio Pessoa, afastar-se-ia da área de influência liberal para acentuar a influência positivista mate-

---

13. DANIEL MENDELOWITZ. *A history of American art*. Nova York, Holthart & Winston, 1970, p. 284.
14. A. TEIXEIRA, *op. cit.*, p. 47.

*86*

matizante e a influência culturalista que tentou basear-se em apressadas interpretações evolucionistas da Arte.

Em 1911, teve lugar nova Reforma educacional, designada como Lei Rivadavia Corrêa (Decreto n. 8659 de 5 de abril). Esta lei radicalizou as propostas positivistas e tornou vitoriosa a tese da descentralização completa do ensino, política defendida pelos positivistas desde a proclamação da República e cuja rejeição na Reforma Benjamim Constant representara fator de largo descontentamento.

Determinou a autonomia didática e administrativa, fazendo cessar na Educação a intervenção do governo, que só mediante auxílios materiais poderia, a partir de então, exercer sua ação junto às corporações de ensino superior e fundamental.

O Colégio Nacional voltou a se chamar Colégio Pedro II e, tanto nele como em qualquer escola secundária, independente de prova de escolaridade anterior, o aluno poderia matricular-se mediante um exame de capacitação destinado a provar que o candidato "se acha habilitado a empreender o estudo das matérias do curso fundamental"[15]. Estes exames passaram a se chamar "exames de admissão" e eram exigidos até 1971 para a entrada na escola secundária. Foram instituídos também os exames de capacitação para a Escola superior, os quais denominados "vestibular" são mantidos até hoje, embora tenha sido restaurada a exigência de prova de escolaridade anterior.

Longe de refrear a tendência do curso secundário a se tornar um mero preparatório para o curso superior, tornou-o preparatório para o exame "vestibular". Com a aprovação desta lei, desapareceu a interferência fiscalizadora do governo e a uniformidade dos programas.

Estes eram organizados pelos professores, e sua aprovação ficava entregue à competência exclusiva das congregações de cada instituto de ensino.

Somente para o primeiro ano foi determinado na lei o conteúdo do ensino do Desenho: "o Desenho na primeira série compreenderá desenho a mão livre com aplicação especial do ornato geométrico plano" (título II letra J) o que não representa nenhuma inovação em relação ao Código Epitácio Pessoa.

15. *Cf.* decreto 8659, art. 73 b.

O Desenho deveria constar no currículo das 4 primeiras séries das seis que compunham o curso secundário. Havia provas gráficas de Desenho para promoção e exame final.

Sem escolas destinadas à formação uniforme do professor secundário, quase todos autodidatas, recrutados nos quadros das profissões liberais, como no Império, o ensino secundário não resistiu à carga de responsabilidade que a desoficialização lhe jogou sobre os ombros. Não tínhamos educadores que pudessem tirar proveito da autonomia e liberdade didática que a lei estabelecia. Como vimos, até então eram os políticos os orientadores de nossa vida educacional.

Como disse Theodoro Braga, "essa maldita liberdade de ensino não veio senão desequilibrar os cérebros novos".

Em relação ao ensino do Desenho, esta autonomia e liberdade não produziu nenhuma variabilidade nem flexibilidade metodológica.

Pelo contrário, rompidas as boas relações entre as correntes positivistas e liberais instauradas no programa do Desenho para a escola secundária do Código Epitácio Pessoa, passou a dominar o radicalismo positivista que se dicotomizou. De um lado, tivemos um exagero das correntes matematizantes, orientando os programas da escola secundária em direção ao traçado puro da geometria com ajuda de instrumentos e exigência de precisão e do outro lado a orientação estetizante. Esta última corrente, inconformada com a solução conciliadora proposta pelo código Epitácio Pessoa que reduziu os ornatos a meros exercícios de geometrização, regrediu às estratégias utilizadas na vigência da lei Benjamim Constant e Código Fernando Lobo, e relegou, por sua vez, o estudo da geometria ao ensino primário como mero estágio preparatório para o estudo dos ornatos.

Até a idade de 10 a 11 anos, desenhar a geometria linear a mão livre; depois desta idade, esquemas de sólidos, sólidos geométricos e objetos usuais; e, feitos estes exercícios, estarão preparados para acometerem os baixos relevos, dizia Modesto Brocos (1915)[16].

No ensino secundário dominou o estudo dos baixos relevos nos quais predominava "a linha reta e também folhas estilizadas" para depois passar a "modelos de curvas e linhas

16. MODESTO BROCOS. *A questão do ensino das Belas-Artes*. Rio de Janeiro, s.c.p., 1915, p. 38.

caprichosas" destes aos "relevos" e por último aos "altos relevos em que se achem representados figuras e animais"[17]. Estes exercícios preparavam o aluno para empreender a cópia de estátuas e outros procedimentos necessários a sua introdução à "Arte Maior", à "Arte Pura", à "Arte Nobre", praticadas na Escola de Belas-Artes.

Uma justificativa cientificista, baseada numa interpretação evolucionista da Arte que era difundida naquele tempo, presidia estes programas, como podemos concluir deste trecho de Modesto Brocos:

> Nas ciências biológicas, procura-se, para se obter e se chegar a resultados eficazes, investigar as causas primordiais, para depois estudar as conseguintes, e assim por diante. Darwin, estuda o estado embrionário da criança e tira dele todas as consequências para averiguar a origem do homem. Nós também deveremos estudar o estado embrionário das artes e seguir o seu desenvolvimento para depois tirar as consequências e aplicá-las ao nosso método de ensino. Antes, porém, precisamos indagar como as artes se manifestaram na humanidade.
>
> Este problema, intrincado e de difícil solução para alguns, se me afigura, pelo contrário, mais fácil de resolver do que à primeira vista parece, e não será preciso consultar muitos infólios, para chegarmos a tal conhecimento. Na verdade, folheando os tratados de arte decorativa, veem-se neles as primeiras manifestações artísticas que pertencem ao gênero "primitivo", anteriores a toda arte regrada, concepções por assim dizer, de instinto e que se encontram nos povos da Oceania e da África Central.
>
> Estes ornatos sumários são desenhos de criação pura e imaginaria onde a linha reta é predominante. Alguns já aparecem misturados com curvas, e destes encontram-se especialmente na ornamentação peruana e mexicana, aliados a figuras que afetam muito de longe a forma humana. Nos tempos pré-históricos da Grécia, a cidade Micenas nos mostra a porta dos leões, animais informes, e, excetuando esta porta, o que ali se encontrou foram ornatos figurando postas, enroalentos, meandros, cracas, etc. São estes ornatos muito parecidos com os desenhos que se veem nos vasos dos nossos índios do Amazonas, que, por sua vez, podem ser considerados como as primeiras manifestações artísticas do homem sobre a terra; se eles intentam a figura humana nos seus vasos, esta é um ornamento e pode ser considerada como um complemento da sua decoração.
>
> Parece, pois, um fato indiscutível, que as primeiras manifestações artísticas da humanidade começaram pelos ornatos, e foi por

17. *Id. ibid.*, p. 38.

eles que se desenvolveram as artes, seguindo depois uma progressão ascendente até se chegar à figura humana.

Estabelecido este princípio se quisermos seguir para o ensino do Desenho um método racional e lógico, a se adotar nas nossas escolas, deveremos ter isto presente e ser pelos ornatos, por onde se deverá começar a ensinar o Desenho[18].

Acreditava-se que pela cópia dos ornatos se poderia desenvolver a capacidade imaginativa dos alunos, pois aqueles representavam a força imaginativa do homem em sua evolução a partir das idades primitivas. E seria no curso secundário, aquele que preparava para o curso superior, que se deveria começar a fomentar o desenvolvimento da imaginação:

> Precisamos adotar definitivamente este método, desenvolvendo o estudo das artes ornamentais e exercitando com elas as faculdades imaginativas dos alunos antes de passarem eles aos cursos superiores[19]

O estudo do ornato não era importante por si mesmo mas por obedecer aos princípios da evolução, porque, através dele é que as artes principiaram a se manifestar. Por isso, considerado importante para iniciar os alunos, e prepará-los para as altas realizações da Arte Pura praticada na Escola de Belas-Artes.

No nível do curso secundário, o chamado método intuitivo sofreu uma diferente interpretação. Em nome do método intuitivo, reclamava Rui Barbosa um respeito total pelo trabalho do aluno, não sendo permitido ao professor fazer correções diretamente sobre ele. Esta recomendação enfática talvez se devesse ao fato tão criticado pela nossa imprensa acerca das exposições escolares, onde se via uma uniformidade geral nos trabalhos de uma escola ou classe, denunciando a mão do professor, que tanto os retocava que perdiam sua identidade com o produtor inicial.

Entretanto, defendendo a posição exatamente contrária, isto é, a necessidade "imprescindível de que o mestre toque no trabalho"[20], alguns professores alegavam obediência ao método intuitivo como suporte de suas argumentações.

18. *Id. ibid.* p. 35-35.
19. *Id. ibid.*, p. 39.
20. *Id. ibid.*, p. 52.

*90*

"O método de ensino a seguir-se com os alunos deverá ser o intuitivo, deve entrar pela vista e não pelos ouvidos"[21], "o sentimento de uma linha, o modo de fazer cantar uma forma, um acerto o professor não as fará entender ao aluno com palavras e sim com a correção manual"[22].

Afirmava ainda Modesto Brocos, que conhecia professores que se vangloriavam de não pôr as mãos nos trabalhos dos alunos, mas que não sabiam ensinar.

A autonomia didática da Lei Rivadavia Corrêa propiciou uma radicalização agressiva entre as correntes liberais circunscritas às escolas profissionais primárias e normais e as de origem evolucionista e positivista atuantes na escola secundária, e, mesmo no que se refere a estas últimas, verificou-se um conflito irreconciliável entre a linha matematizante e a linha estetizante ligada à Escola Nacional de Belas-Artes.

O ensino do Desenho através dos ornatos também era defendido por aqueles que entendiam que a função do curso secundário era dar uma formação cultural geral. Neste caso, os programas deveriam propiciar o estudo cronológico dos ornatos. Recomendava-se às escolas a organização de uma galeria de ornatos moldados em gesso, exemplificando capitéis de todas as épocas e estilos, assim como cópias também em gesso de vasos incas e astecas e dos ornatos do Aleijadinho. Deveria o professor explicar o que representavam, o lugar que lhes correspondia na arquitetura ou na cultura artística da época.

Somente depois de adquiridas sólidas informações artísticas, deveria ser o aluno introduzido no domínio do fazer copiando os elementos estudados.

Para auxiliar no fazer, era repudiado o uso da rede estimográfica, empregada apenas nas escolas profissionais, e deverá ser usado outro recurso: "o professor desenhava na margem do papel do aluno o traçado da construção"[23].

Em 1915, a Reforma Carlos Maximiliano, que vigorou até 1925 (Decreto n. 11530, de 8 de março de 1915), tentou pôr em ordem a situação caótica da educação brasileira, que fora acentuada nos 4 anos de vigência da Lei Rivadavia Corrêa. Restabeleceu a responsabilidade do Estado e a ação fiscalizadora legítima do governo federal sobre o ensino

21. *Id. ibid.*, p. 53.
22. *Id. ibid.*, p. 52.
23. *Id. ibid.*, p. 38.

secundário e superior. Embora respeitando a autonomia administrativa e, até certo ponto, didática destes institutos, manteve os exames de admissão ao ginásio e o vestibular para as escolas superiores.

O Colégio Pedro II voltou a ser o modelo para a equiparação legal dos outros institutos de ensino secundário e voltou a ser exigida a prova de escolaridade anterior para a matrícula nos vestibulares às escolas superiores.

Costuma-se dizer que esta foi a "lei do aperto". A dureza dos vestibulares, dos exames de admissão aos ginásios, assim como das provas nos próprios ginásios, sempre presididas por bancas examinadoras especiais, começou a provocar queixas e protestos, mas o Governo não alterou suas disposições de "moralizar o ensino".

"Dos poucos que escapavam às provas (finais) dos ginásios mais da metade sucumbiu no ádito dos cursos superiores"[24], observa Primitivo Moacyr sobre os anos de 1915-1916.

A Reforma Carlos Maximiliano não determinou os conteúdos do Desenho no ginásio, entretanto, anulou a importância da *nota* dos exames de Desenho, estatuindo:

> A nota obtida em exame de desenho visa estimular os estudantes, não influi para a passagem dos alunos para o ano imediato; basta-lhes para a promoção exibir atestado de frequência subscrito pelo professor[25].

Ora, num sistema onde passar de ano, passar nos exames finais do ginásio e passar no vestibular para a escola superior se constituía a meta a ser duramente atingida, as aulas de Desenho começaram a ser menosprezadas por serem aulas que "nunca reprovam[26]"

O professor de Desenho ficou a tal ponto em plano inferior, que, em muitos estabelecimentos de ensino oficial, era excluído da Congregação[27].

Contudo, entre as matérias do curso ginasial indispensáveis à inscrição para exame vestibular estava a Geometria, ensinada apenas nos terceiro e quarto anos.

24. P. MOACYR, *op. cit..* v. 4, p. 168.
25. *Id. ibid.*, p. 115.
26. A. MATTOS, *op. cit..* p. 117.
27. *Id. ibid.*, p. 117.

*92*

Daí o processo se acelerou no sentido de aproximar cada vez mais à Geometria o estudo do Desenho, exigido nos 4 primeiros anos do secundário, numa tentativa de se fazer valer pela natureza dos conteúdos ensinados, os quais reforçavam as possibilidades de o aluno passar no exame de Geometria no final do curso.

Na escola primária, o estudo da Geometria também passou a ser enfatizado nas aulas de Desenho, como reforço para a preparação para o exame de admissão ao ginásio e não pelas suas aplicações ao trabalho nas indústrias. Estes exames exigiam prova não de Desenho, mas de Geometria prática, prova essa que, segundo o Parecer n. 1 da Comissão de Liceus e Ginásios, aprovado na sessão de 16 de fevereiro de 1916, constava de:

1. Linha reta – quebrada, curva, quebrada aberta, quebrada fechada. Polígono – lados, vértices, diagonais, perímetro, superfície.

2. Triângulo, quadrilátero, pentágono, hexágono, octógono, decágono, dodecágono, pentadecágono.

3. Retas paralelas, perpendiculares e oblíquas.

4. Triângulo isósceles, equilátero, retângulo.

5. Ângulo, vértice de um ângulo, lados de um ângulo, ângulos opostos pelo vértice, bissetriz de ângulo.

6. Quadrilátero, paralelogramo, retângulo. Losango, quadrado, trapézio.

7. Circunferência, círculo, uso do compasso, centro, raio, diâmetro, arco, corda, setor, segmento.

8. Cubo, as faces do cubo, seus vértices, suas arestas.

9. Cone, cilindro, esfera.

Com isto, o ensino do Desenho na escola primária foi, pouco a pouco, transformando-se também num curso auxiliar dos preparatórios, reduzindo-se a um adestramento para o exame da entrada na escola seguinte. Sob a vigência da lei anterior, embora houvesse sido ela responsável pela instituição do exame de admissão ao ginásio, este não era tão rígido e tão rigoroso, permitindo que o curso primário, de um modo geral, se inscrevesse na metade utilitária do sistema educacional, tendo em vista uma certa preparação para a vida prática e para o trabalho.

Contra a intelectualização do ensino do Desenho na Escola primária insurgiram-se principalmente os artistas que já trabalhavam no campo do ensino primário e normal, como Theodoro Braga e Anibal Mattos.

Enquanto que o primeiro defendia um programa baseado nas aplicações do Desenho à indústria, o segundo defendia o ensino do Desenho pelos seus valores estéticos, ou melhor, para satisfazer as "emoções estéticas do homem"[28]. Seu programa constava de desenho de memória e do natural, a lápis e a cores, e o de Theodoro Braga (1920), dos seguintes conteúdos.

Primeiro e Segundo ano – desenho de imaginação reproduzindo objetos que conheçam bem.

Terceiro ano – desenho de observação tendo como modelo objetos de uso; decoração com motivos de imaginação.

Quarto ano – instrumentos para construir ornatos geométricos e desenho a mão livre de objetos mais complexos.

Quinto ano – desenhos geométricos a mão livre e armada composição decorativa, ornamentação do prisma, e da rosácea; desenho geométrico com instrumento.

Este programa representa uma gradual sujeição das forças imagéticas internas à racionalização da geometria. A obediência às influências geometrizantes da época suplantam os princípios de arte decorativa, antes defendidos por Theodoro Braga (1909) e ligados à observação da flora e fauna brasileira.

Este seu programa representa a submissão ao modelo de ensino do Desenho proposto pela Lei de 1901, válida contribuição naquele tempo, mas absolutamente retrógrado e convencional vinte anos depois, quando o estudo dos elementos *decorativos* geometrizados começou a sofrer forte objeção na escola primária, dado o seu caráter repetitivo e uniforme. Nesta época iniciava-se lentamente a valoração da imaginação, sob o influxo da contribuição da Pedagogia Experimental, que ensaiava timidamente os primeiros passos no Brasil refletindo as influências de Wumdt, Lay e do Child Movement.

O substantivo *decoração* e o verbo *decorar* têm em português dupla significação. Significam ao mesmo tempo a maneira de aprender de memória, de aprender pela fixação da memória, como acrescentar ornatos, isto é, ornamentar, pôr ornatos em alguma coisa.

Toda a educação, desde a República, vinha movimentando-se no sentido da reprovação dos métodos verbalistas, "inibidores da inteligência", de "decorar" (memorizar) lições. A identidade semântica terminou por se estender à rejeição ao

28. *Id. ibid.*, p. 116.

decorativismo no ensino do Desenho, rejeição justificada também pelo caráter repetitivo daquelas decorações geométricas.

Na Conferência Interestadual de Ensino Primário, convocada pelo então presidente, Epitácio Pessoa, e realizada de 12 de outubro a 16 de novembro de 1921, o decorativismo foi impiedosamente condenado na escola primária e normal. O delegado de Minas Gerais em sua comunicação recomenda a abolição dos ornatos e dos modelos de cópia, "devendo todos os trabalhos serem feitos do natural", não só na escola normal como também na primária.[29]

Por outro lado, são recomendados, não só por este, mas por outros participantes também, os exercícios de modelagem e o *sloyd*.

A modelagem em argila, cera, e outras massas era considerada importante para dar à criança a sensação material das formas.

Este exercício é sobretudo importante no começo e certos professores fazem moldar antes de desenhar. Com efeito o desenho é no fundo uma simples convenção, uma redução a duas dimensões de sólidos que têm três dimensões. Como passar desta realidade a essa aparência? A moldagem pode fazer sentir às crianças a diferença através da simplificação sintética do objeto[30].

E. Pothier, divulgado no Brasil por Theodoro Braga, informa-nos dos excelentes resultados desta prática utilizada em países europeus. Também europeia ou, mais precisamente sueca, era a prática conhecida no Brasil por *sloyd*, porque fora apreendida na versão norte-americana, mas originalmente denominada *sloid*. Já vinha sendo usada nas escolas primárias e normais e foi recomendada, nesta conferência, a sua difusão entre os meninos.

It was a kind of system of manual training designed for training in the use of tools and materials but emphasizing training in wood carving as a means to this end[31].

29. Conferência Interestadual de Ensino Primário. *Anais*. Rio de Janeiro, O Norte, 1922, p. 406.
30. E. POTHIER. Pela arte escolar. Trad. de THEODORO BRAGA. *A Província do Pará*, 25 de agosto de 1909.
31. Webster's New International Dictionary. 2. ed. Massachusetts, Merreur, 1944, p. 2369.

Na conferência de 1921, talvez o primeiro encontro nacional importante de professores no Brasil depois da República, destacou-se a atuação da Escola Normal de Piracicaba (São Paulo), em cujo comunicado se afirmava peremptoriamente: "Fora do desenho do natural, não há desenho"[32].

Demonstraram ainda que na prática pedagógica orientavam-se em relação à metodologia especial do Desenho, ressaltando seus fins educativos e sua importância como exercício visual e motor. Podemos descobrir, nas entrelinhas das suas propostas, o início de uma preocupação com as relações entre o desenho da criança e a Psicologia.

Foi, sem dúvida, de São Paulo que partiram os germes desta corrente.

Enquanto que o ensino do Desenho a nível secundário continuou arrastando-se, até pelo menos 1925, asfixiado pelas rígidas correntes matematizantes, torturando os adolescentes com as exigências de exatidão e conceituação geométrica, a nível primário esse ensino receberia um influxo renovador que partiu dos novos modos de entender a Pedagogia como "a Psicologia em ação". Esta nova abordagem foi divulgada principalmente pela Escola Normal de São Paulo que, a partir de 1914, criou o Gabinete de Psicologia Científica e o Gabinete de Psicologia Pedagógica, permitindo que se desenvolvessem pesquisas, embora muito rudimentares, sobre Psicologia experimental aplicada à Educação.

São Paulo era, naquele tempo, o Estado líder da federação no que diz respeito ao desenvolvimento do ensino primário e normal.

32. Conf. Interest, de ens. prim., *op. cit.*, p. 379.

## 6. A EXPERIMENTAÇÃO PSICOLÓGICA E O ENSINO DO DESENHO. LIDERANÇA DE SÃO PAULO NO ENSINO PRIMÁRIO E NORMAL

A Constituição republicana de 24 de fevereiro de 1891, que instituiu o regime federativo no Brasil, transferiu aos Estados a "responsabilidade" pela instrução primária. Esta responsabilidade foi efetivamente assumida pelo Estado de São Paulo, que muito bem aproveitou a autonomia estatal conferida à organização do ensino primário, ratificada por sucessivas legislações educacionais. Em São Paulo a organização do ensino primário e a do normal, ligado funcionalmente ao primeiro, procurou centrar-se, desde os primórdios republicanos, nos objetivos de uma educação integral e integradora.

Portanto, a deturpação do curso primário em mais um curso de adestramento para passar em exames já encontrou nesse Estado, como barreira, uma escola primária, organizada no sentido da formação de hábitos de vida e de trabalho, e uma escola normal destinada a preparar professores para desempenhar adequadamente suas funções dentro do modelo formativo proposto.

Condições econômicas e sociais singulares permitiram a São Paulo tornar-se nas duas primeiras décadas do século XX, o Estado líder da Federação no que diz respeito à educação primária e normal e, a partir de 1914, da educação profissional também.

Sua produção agrícola não sofreu o impacto da abolição dos escravos que, já naquele tempo, dependia primordialmente do trabalho imigrante. Ao contrário, as novas perspectivas abertas ao trabalho dos colonos com a extinção da escravatura e o desenvolvimento da agricultura do café influíram para estimular novas correntes migratórias.

Esta situação de prosperidade que se prolongou até 1928 na economia rural, com fundamento na lavoura do café e a que o surto das indústrias, sobretudo a partir de 1918, devia dar impulso vigoroso, permitiu ao Estado de São Paulo organizar em bases mais sólidas e largas o seu sistema de educação[1].

Por outro lado, o perigo da estrangeirização do país levou à construção de um sistema flexível de educação, que permitisse a assimilação inicial do elemento estrangeiro no atento e paciente trabalho de nacionalizá-lo. Estabeleceu-se portanto, um sistema aberto às influências e predisposto a operacionalizá-las.

Em São Paulo foi decisiva a influência americana. Os norte-americanos missionários ou imigrantes criaram suas próprias escolas.

Duas destas se destacaram, especialmente do ponto de vista da pedagogia geral e do ponto de vista da pedagogia do Desenho, pelo caráter naturalístico e de experimentação individual que imprimiram na prática desta disciplina.

A primeira foi a Escola Americana criada, em 1870, por Mary Chamberlain, mulher de um missionário protestante, e que veio a ser modelo para a reforma do ensino público em São Paulo depois da República; de início apenas escola primária, passou logo depois a incluir o curso médio, e um curso de treinamento de professores, e se desenvolveu de tal maneira que, vinte e poucos anos depois, se constituiria no Mackenzie College.

1. F. AZEVEDO, *op. cit..* p. 140.

Em relação ao processo de equiparação da Escola de Engenharia do Mackenzie College (1921), às faculdades nacionais, encontramos uma citação dos seus prospectos:

A Mackenzie College se acha cada vez mais disposta a prosseguir em sua utilíssima obra. E para, com toda a justeza e justiça, estimar o seu concurso na elaboração da cultura brasileira, deve-se ainda levar em conta que, pelo fato de estarem a Escola de Engenharia e as Escolas Anexas Mackenzie College subordinadas a uma corporação estrangeira e nelas se aplicarem os processos e métodos de ensino dos institutos congêneres norte-americanos, a educação dada nesses estabelecimentos em nada contraria ou neutraliza as ideias e os sentimentos cívicos, morais, políticos que são a base de nosso patriotismo, não se cultiva a indiferença pelas causas do país. Os alunos recebem desde a escola primária todos os conhecimentos e noções essenciais à formação e tradição do espírito da nacionalidade.

A preocupação em não tornar evidente o caráter alienígena de seus currículos parece ter sido observada desde a fundação da Escola Americana. Em geral, as escolas estrangeiras até 1914 no Brasil ensinavam todos os seus conteúdos através da língua estrangeira de origem, enquanto que na Escola Americana isto ocorreria apenas em uma classe, sendo todas as outras organizadas em torno do português, representando o inglês apenas uma das matérias do currículo. Afastado o perigo da "desnacionalização" que, como vemos, foi enfatizado no catálogo do Mackenzie College, os modelos americanos foram facilmente assimilados.

A Escola Piracicabana também teve enorme influência no panorama educacional, fazendo daquela cidade um centro educacional respeitado até hoje em todo o país e que influiu desde cedo na legislação do ensino primário e normal do Estado de São Paulo. Em 1922, dizia Sud Menucci:

Piracicaba, um município com cerca de 100 mil habitantes, rivaliza em matéria de instrução com a capital do Estado, que tem mais de 1.200.000 alunos, e isto no Estado que mais se preocupa com o ensino[2].

O Colégio Piracicabano, fundado em 13 de setembro de 1881, foi o estabelecimento de ensino em torno do qual se

---

2. SUD MENUCCI. *Cem anos de instrução pública*. São Paulo, Sales Oliveira Rocha, 1932, p. 32.

constituiu a forte tradição educacional daquela cidade. Esta escola foi criada para educar os filhos dos norte-americanos que, inconformados com a abolição da escravatura nos EUA, fundaram, por volta de 1870, uma colônia em Santa Bárbara, próximo a Piracicaba.

O colégio, que a princípio se instalou em casa alugada, foi criado sob os auspícios do Departamento de Missões Estrangeiras da Igreja Metodista Episcopal do Sul dos Estados Unidos[3]

e organizado por Miss Martha Watts, enviada ao Brasil por aquela entidade. Recebida e apoiada por Prudente de Moraes, republicano e futuro presidente do Brasil, em casa de quem inicialmente se hospedou em Piracicaba, esta norte-americana venceu as dificuldades iniciais, contratando pessoas que conheciam melhor que ela o meio brasileiro e a língua portuguesa.

Foi sua escola um centro de divulgação das mais modernas técnicas pedagógicas durante a primeira República.

Também o Colégio Internacional de Campinas, do americano Rev. G. Nash Morton, fundado em 1873, apresentou aos brasileiros inovações muito interessantes, como o estudo da Geologia e do desenho com ela relacionado.

Além destas influências, uma outra, de ordem mais sistemática, iria sedimentar os princípios do intuicionismo e experimentalismo, já divulgados no Brasil por Rui Barbosa, mas somente postos em ação na Reforma de 1890 da Escola Normal de São Paulo, executada sob a direção de Antônio Caetano de Campos. Esta sistemática influência de bases norte-americanas se consubstanciou na contratação de Miss Mareia Browne – ex-diretora de uma Escola Normal em Saint Louis, em Massachusetts e de um *high-school* em Maiden – e de Maria Guilhermina Loureiro de Andrade, brasileira que esteve 4 anos estudando nos Estados Unidos, para assessorar e orientar a reforma. O movimento reformador de São Paulo foi, portanto, inspirado, no início, em ideias e técnicas pedagógicas norte-americanas. O interesse pela cientifização da educação, contudo, se prolongou através dos educadores que

3. LEDA MARIA RODRIGUES. *A instrução feminina em São Paulo subsídios para sua história até a proclamação da república.* São Paulo, Pontifícia Universidade Católica, 1970. Tese (cátedra lit. bras.) – Fac. Fil. C. Let. "Sedes Sapientiae" da PUCSP. Mimeogr.

se sucederam na direção da Escola Normal, como Gabriel Prestes e Oscar Thompson, que chegou a ser Diretor geral da Instrução pública em São Paulo.

Oscar Thompson, acreditando no futuro científico da Pedagogia, procurou, como diretor da Escola Normal de São Paulo, aparelhá-la para explorar os benefícios das mais recentes conquistas da ciência.

Criou a cadeira de Psicologia aplicada à Educação.

Um ano, porém, de experiência indicou a necessidade de irmos buscar na Europa um especialista traquejado no assunto, que se incumbisse de ensinar ao professor a nova diretriz dos estudos, ambientando-o também na técnica utilização e manejo dos instrumentos usados nas pesquisas de caráter psíquico[4].

Foi para este fim convidado o professor Ugo Pizzoli, catedrático da Universidade de Modena (Itália) e diretor da Escola Normal daquela cidade.

Trouxe ele o material necessário para instalar o gabinete da Antropologia e Psicologia pedagógica e o gabinete de Psicologia Científica.

O objetivo principal era desenvolver métodos de experimentação e indagação nas investigações a serem feitas, relacionadas com os métodos pedagógicos em uso na escola.

Vários instrumentos antropométricos foram instalados e outros para medir a acuidade visual, o senso cromático, sensibilidade tátil, o senso da forma, o senso térmico, a acuidade auditiva, gustativa e olfativa. Também aparelhos para medir o senso da proporção e da simetria, para o estudo da memória cinética e para o exame do processo lógico.

Durante o ano de 1914, o professor Pizzoli proferiu vários cursos inclusive um curso de férias para o qual se inscreveram 52 professores de todo o Estado.

O programa se centrava nas técnicas antropométricas e nos *mental tests* e compreendia lições teórico-práticas sobre exame anamnéstico, exame físico, exame antropológico, exame fisiológico, cujos conteúdos deixamos de explicitar para enfocar mais detidamente o exame psicológico, pelas

---

4. OSCAR THOMPSON. "O futuro da pedagogia é científico". In: O *laboratório de pedagogia experimental*. São Paulo, Siqueira Nagel, 1914, p. 17.

relações que estabelecia com o desenho, com a atividade gráfica da criança.

Os tópicos analisados nas lições sobre exame psicológico foram:

1. Sensibilidade externa e interna – Vista: Potência da visão – Campo visual – senso cromático, poder de acomodação – Exercícios práticos para examinar a vista – Provas práticas para indagar a vocação estética dos alunos para as artes figurativas.

2. Audição – Acuidade da audição – Qualidade dos sons – Orientação dos sons – Educação da audição.

3. Tato e senso muscular – Discriminação tátil – Senso estereognóstico – Baraestesioscópio – Miocinescópio – Grafismo; seu exame – Exercícios práticos.

4. Gosto e Olfato – Acuidade e poder de discriminação – Sensibilidade à dor.

5. Atenção – suas leis – Provas (*mental tests*) para estudar o grau e a natureza da atenção dos alunos. Exercícios práticos.

6. Memória – Poder de retentividade – Poder de evocação – Experiência (*mental tests*) para estudar a memória – Imaginação e suas qualidades.

7. Associação – Tipos de associação – Ideação, Provas, etc. – Exercícios práticos.

8. Volições – Inibições – caráter – Impulsivos – Reflexivos – Provas para o exame de comportamento e das disposições naturais.

Estes estudos introduziram entre os brasileiros a consciência da necessidade das indagações científicas acerca da natureza da criança e a compreensão empírica da ideia de que a criança não era um adulto em miniatura mas um ser *sui generis*, com características próprias.

Também resultaram na convicção de que antes da determinação de objetivos e métodos, a investigação acerca das potencialidades orgânicas e funcionais da criança se fazia necessário.

Ficou, portanto, evidenciado ser a criança o ponto de partida da Pedagogia e o centro de interesses teórico e prático da educação. Esta evidência se deveu especialmente ao trabalho que o professor Pizzoli desenvolveu com os professores da Escola Normal ao longo de todo um ano de curso sistematizado que exigiu ao final, a apresentação de dissertações, as quais, denominadas por alguns de teses e por outros de ensaios, foram consideradas pelo próprio professor Pizzoli como "pesquisas de psicologia pedagógica, breves, modestas e fragmentadas" as quais contudo demonstrando "a aptidão desses professores para este gênero de estudos experimentais são a garantia de futuros trabalhos de mais valor em vulto e importância pedagógica"[5].

Foram publicados seis destes trabalhos, um dos quais se refere especificamente ao estudo do grafismo infantil, escrito pelo professor Adalgiso Pereira, e quatro outros que utilizam a representação gráfica da criança como teste não só para medir memória visual, memória cinética e aptidão para as Artes Visuais como para classificar os tipos intelectuais.

Foi a primeira vez que no Brasil se encarou o livre grafismo infantil como índice de um processamento lógico – mental e como meio para investigá-lo.

Já os positivistas brasileiros haviam afirmado a importância do Desenho para o desenvolvimento do raciocínio mas, neste caso, o Desenho não era tomado no sentido da livre expressão da criança, mas no sentido de submeter sua atividade gráfica a padrões considerados belos ou estéticos e a modos de redução da forma à ciência, à geometria.

Estabeleceu-se assim um novo modo de ver o Desenho como elemento informativo de natureza psicológica, um *mental test* fornecendo dados "sobre o estado da cultura, o valor, a extensão do patrimônio ideativo da criança".[6]

Tratava-se de tentar investigar quais as atividades cerebrais postas em jogo quando uma criança exprime graficamente um objeto que lhe surja no campo da consciência espontaneamente ou por solicitação de alguém.

Isto pretendeu Adalgiso Pereira no seu trabalho pioneiro no Brasil, ao procurar averiguar de que modo se inicia, e como se desenvolve na mente da criança, a representação figurada das coisas mais comuns que a circundam.

Partiu da hipótese de que, para desenhar um objeto, em primeiro lugar seria necessário possuir nos centros da memória visual a imagem do objeto, e, em segundo lugar, a memória cinética, a imagem dos movimentos necessários para exprimir o objeto em questão e finalmente, possuir coordenação entre

---

5. UGO PIZZOLI. "Duas palavras de apresentação". In: O *lab. de pedag. experim.*
6. ADALGISO PEREIRA. "Notas sobre o grafismo infantil". In: *O lab. de pedag. experim.*, p. 41.

os centros da memória cinética e os centros grafo-motores, "executores materiais das ordens cerebrais". Dizia ele:

> Que acontece quando pedimos a uma criança que nos desenhe um homem? A sua consciência evoca, extrai, isola dos centros mnemônicos visuais a imagem do objeto reclamado: o homem. A criança o vê mentalmente nas suas formas, nas suas cores, nas suas dimensões: visualiza a imagem, em suma.
> O impulso voluntário igualmente evoca, extrai, isola dos centros mnemônicos cinéticos a imagem dos movimentos necessários para a realização da figura homem.
> Enfim, o mesmo impulso voluntário associa essa imagem cinética aos centros grafo-motores[7].

Sua tarefa inicial foi pedir a crianças de 4 a 7 anos que, isoladas das outras, desenhassem o homem, a casa, o animal e a planta. Na análise dos desenhos, complementada com entrevistas individuais com as crianças, procurou indagar primeiramente acerca da variação entre elas quanto ao grau de visualização dos objetos ou capacidade de reunir os dados acerca do objeto, obtidos da memória visual.

Distinguiu dois tipos:

1. Esteto-criadores – aqueles que, segundo ele, têm verdadeiro sentido da arte e que se inspiram diretamente da natureza: os futuros artistas.

2. Os copistas – que, ao evocarem o objeto, fazem-no com uma imagem reproduzida, uma litogravura, uma cromolitografia, etc. Segundo ele, são bons executores mas no seu campo visual não entra o objeto real.

Para Adalgiso Pereira, aos primeiros corresponde o quadro A e aos últimos, o quadro B (Figs. 1 e 2).

Verificamos que os classificados por ele como esteto-criadores são os que reproduzem mais fiel e naturalmente o real com detalhes e movimento.

Prosseguindo, pretendia detectar se os "erros cometidos bem como as deficiências do grafismo", tais como erro de proporção: simetria, ausência de profundidade, estática, falta de perpendicularidade, falta de paralelismo e horizontalidade nas linhas eram falhas mentais na formação dos conceitos ou deficiência técnica, isto é, "se a mão traiu a ideia"[8].

7. *Id. ibid.*, p. 43.
8. *Id. ibid.*, p. 44.

QUADRO A

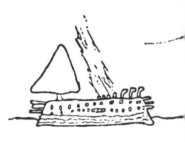

QUADRO B

Com este objetivo perguntava às crianças:

1. Por que fizeste este desenho?
2. Que quiseste representar?
3. Acreditas tê-lo conseguido?
4. Tem erros o teu desenho?
5. Saberias acaso corrigi-lo, preencher as lacunas? De que modo?
6. Quando o fizeste tinhas em mente o objeto real ou uma cópia do exemplar[9].

Formulou, também o seguinte questionário relativo aos desenhos:

1. Conseguiu a criança desenvolver graficamente pelo desenho o conceito que tinha em mente?
2. Conseguiu-o em parte ou totalmente?
3. Qual a disposição racional dos elementos que compõem o grafismo?
4. Foi respeitado o processo lógico?
5. E as proporções?
6. Que lacunas verdadeiramente graves existem?
7. No conjunto do grafismo revela a criança sentimento estético?[10]

Através das respostas chegou à conclusão de que mais que a inexatidão do conceito visual ou falta de lógica devemos atribuir os desvios do desenho infantil do real:

1º – à "deficiente educação da mão"

2º – à deficiência do "espírito de observação, mola impulsionadora da síntese mental".

3º – ao "cansaço fácil da atenção".

Acrescenta, aos desvios já citados, a representação de elementos invisíveis (raiz, etc.), a disposição fragmentária de alguns detalhes da figura (galhos destacados do tronco, folhas desligadas do ramo), a disparidade no tratar as diversas partes do desenho (uma árvore com três ou quatro folhas bem feitas e outras mal executadas).

Procura relacionar suas conclusões de ordem psicológica com a prática educativa, demonstrando a necessidade de aceitar os erros do desenho infantil como características especiais,

9. *Id. ibid.*, p. 60.
10. *Id. ibid.*, p. 60.

embora extrínsecas ao desenho, e afirmando serem aqueles erros autocorrigíveis pela atividade constante de desenhar.

Demonstra ainda a importância pedagógica do Desenho, porque ele representa um meio de o professor descobrir as lacunas de cultura da criança que, de outra maneira, não descobriria. Enfim, considera o desenho "uma forma completiva da linguagem oral e escrita"[11].

Como vemos, sua interpretação da arte infantil tenta articular um conceito de Arte como reprodução do real e o conceito da criança como um ser *sui generis* com características próprias, diferentes das do adulto.

Demonstra que os erros, as "aberrações estéticas" as "coleções teratológicas"[12], representadas pelos desenhos das crianças não devem ser atribuídas a deficiências psíquicas, mas encaradas como caracteres próprios dos desenhos das crianças. Caso contrário, "incidiríamos no erro idêntico ao que haveria em castigá-las por serem vivazes, quando sabemos ser específica a vivacidade nesse período da vida"[13], diz Adalgiso Pereira.

Pelo exercício da observação, da atenção e da atividade motora, acreditava ele que estes erros iriam sendo corrigidos atingindo o Desenho padrões estéticos que, segundo afirma em seu trabalho, não pretendia analisar[14].

Já a experiência desenvolvida por Carlos A. Gomes Cardim, para diagnosticar a aptidão das crianças para a Arte não pode pretender eximir-se de avaliar padrões estéticos. Contudo, também o seu conceito de Arte estava subordinado à ideia de reprodução do visível sendo, portanto, considerado bom desenho aquele que mais se aproximava do modelo.

Para seu experimento utilizava uma caixa que, iluminada internamente, projetava a seguinte forma (Fig. 3).

As crianças deviam observar por um minuto o desenho luminoso e tentar reproduzi-lo imediatamente depois no papel com lápis preto. Fazia-se com que elas vissem mais duas vezes o desenho luminoso para tentar corrigir os seus próprios desenhos. A primeira correção deveria ser feita com lápis vermelho e a segunda, com lápis azul.

11. *Id. ibid.*, p. 61.
12. *Id. ibid.*, p. 41.
13. *Id. ibid.*, p. 47.
14. *Id. ibid.*, p. 61.

*Fig. 3*

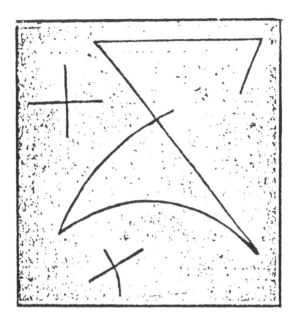

As crianças que representassem mais exatamente a imagem projetada, e cujos traços fossem mais seguros e firmes, eram consideradas as mais aptas para o Desenho.

Eis um exemplo do padrão de julgamento (Figs. 4, 5 e 6).

As principais conclusões desta experiência, segundo seu autor, punham em evidência:

1º – que o elemento indispensável, natural, instintivo que predispõe o homem à vocação para as artes gráficas (Desenho) é a posse de uma clara visualização mental.

2º – que não é suficiente a visualização mental mas é preciso que ela seja associada aos centros grafo-motores, conseguindo-se identificação de representação.

Podemos concluir que a aproximação inicial do Desenho com a Psicologia no Brasil resultou principalmente na configuração de uma atitude de respeito para com o grafismo da criança, na ideia do desenho infantil como um produto inter-

## DESENHO A

*Fig. 4*

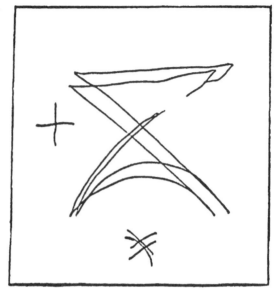

## DESENHO B

*Fig. 5*

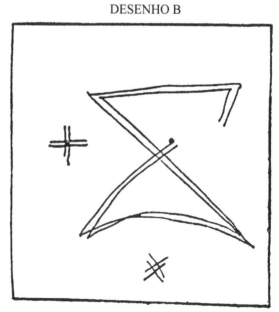

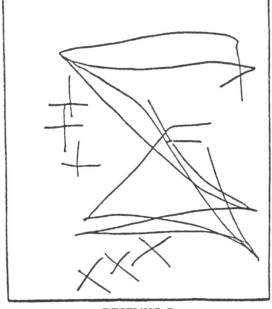

DESENHO C

Os desenhos A e B resultam das experiências das duas crianças que mostram ótimas aptidões para o grafismo. E o desenho C é o trabalho de uma criança que constitui uma verdadeira negação para esse exercício.

no refletindo a organização mental da criança, a estruturação de seus diversos aspectos e seu desenvolvimento. Entretanto, a valoração da arte infantil como produto estético, ou melhor, o reconhecimento dos valores estéticos da arte infantil ligados ao seu espontaneismo somente teve lugar com a introdução da cultura brasileira às correntes expressionistas, futurista e dadaísta da arte contemporânea, através da Semana de Arte Moderna de 1922, em São Paulo, que representou para o Brasil papel semelhante ao Armary Show para os Estados Unidos.

Entre os modernistas brasileiros, Anita Malfatti e Mário de Andrade iriam desempenhar atividades de grande importância para a valoração estética da arte infantil e para a introdução de novos métodos de ensino de Arte baseados no deixar fazer que explorava e valorizava o expressionismo e espontaneidade da criança.

O experimentalismo psicológico com o desenho da criança, embora considerando os produtos da atividade gráfica infantil, desvios da Arte, imperfeições auto-corrigíveis pela frequência da ação e pelo desenvolvimento provocou a resultante metodológica de retirar os modelos externos das aulas de desenho, levando a uma busca e enriquecimento de modelos internos.

Na Reforma do Ensino Público de São Paulo de 1920, de Sampaio Dória, encontramos escasso material acerca do ensino do Desenho para basear esta nossa afirmativa. Refere-se o texto legal apenas ao objetivo do Desenho na escola primária, o desenvolvimento dos sentidos[15], mas a lei que a substituiu em 1921, assinada por Alarico Silveira, editada no governo de Washington Luís, revela uma preocupação com a internalização determinando para o programa de Desenho no 1º ano primário o seguinte conteúdo:

> Os assuntos escolhidos para desenho serão tirados da vida local, exprimindo sempre um fato cotidiano, a sucessão das estações, a vida agrícola, pastoril ou industrial; os diferentes aspectos da vida doméstica da localidade serão um manancial inesgotável de motivos que as crianças gostam de desenhar[16].

Quanto ao método, recomenda-se uma ativação dos conceitos e dos elementos visualizados através de diálogo:

a) indagar o que as crianças têm feito.
b) o que seus companheiros têm feito.
c) o que têm visto.

15. Sampaio Dória. *Questões de ensino.* São Paulo, Monteiro Lobato, 1923, p. 48: "Uma entrevista de Lourenço Filho ao Prof. Heladio Cesar Gonçalves Antunha e referida por este em sua tese de doutoramento «A reforma de 1920 da instrução pública do Estado de São Paulo", nos informa das fortes influências de Rui Barbosa sobre Sampaio Dona, com quem trabalhou na redação do jornal *O Imparcial*. No currículo do ensino primário, de Sampaio Dória. o desenho ocupa o mesmo lugar que ocupava no currículo de Rui Barbosa. O que não sabemos é se seus programas, além da evidente influência de intuicionalismo já presente em Rui Barbosa, se enriqueceria com as novas conquistas de experimentalismo psicológico.

16. HELADIO ANTUNHA. *A reforma de 1920 da instrução pública no Estado de São Paulo.* São Paulo, 1967. Mimeogr. p. 202. Faculdade de Filosofia Ciências e Letras da Universidade de São Paulo, tese se doutoramento.

d) o que sabem sobre qualquer coisa.

e) o que imaginam.

f) lembrando as noções de sólidos geométricos já estudados, desenhar alguma coisa (ex. casa, igreja ou monumentos) que recorde tais formas, etc.

Os desenhos serão feitos sem modelos. As crianças desenharão como souberem evocando apenas a imagem que possuem sobre tais assuntos[17].

Deve o aluno habituar-se a pensar pelo desenho sobre ideias suscetíveis de serem representadas graficamente por uma imagem. Quanto ao assunto a estudar, pode ser considerado pela sua natureza em estado de repouso ou movimento[18].

Também estas recomendações revelam a nova dominância no campo de referências do desenho; o modelo interno, as ideias; em lugar do modelo de observação externa.

Esta nova concepção psicopedagógica influenciou todo o Brasil através da atuação dos educadores paulistas no resto do País.

Desde 1911 vinham os educadores de São Paulo sendo convidados pelos outros Estados brasileiros completamente desorientados pelas crescente descentralização do ensino e como que abandonados pelo governo federal para estruturar a organização dos ensinos públicos locais.

Por exemplo, Orestes Guimarães foi, em 1911, a Santa Catarina organizar a educação popular, e Lourenço Filho, na década de 20, passou quase dois anos no Ceará orientando o ensino público.

A liderança educacional de São Paulo se fez sentir também em relação ao ensino profissional pela ação do Liceu de Artes e Ofícios, que mereceu alguns prêmios em exposições internacionais como:

1. Gold Medal – (*artistic furniture*) Universal Exposition – Saint Louis – 1904.

2. Diplome de Grand Prix – Group IX classes 49 et 50 – Exposition Universelle de Bruxelles, 1910.

3. Diplome de Medaille D'or e Grand Prêmio – Exposizione Internazionale Delle Industrie e del Lavoro Torino – 1911.

17. *Id. ibid.*, p. 282.
18. *Id. ibid.*, p. 282.

A Primeira Guerra Mundial, acelerando o processo brasileiro de industrialização, valorizou as escolas profissionais. Com a produção dos países europeus desviada para os esforços de guerra, cessou a importação de produtos manufaturados que o Brasil consumia. Foi necessário improvisar indústrias ou fazer crescer as indústrias de fundo de quintal para atender à demanda.

Era necessário formar a mão-de-obra especializada e o desenho voltou a ser apontado como elemento essencial desta formação.

O jornal O *Estado de São Paulo*, a partir de 1910, começa a ressaltar em artigos e notícias a orientação do Liceu de Artes e Ofícios de São Paulo, consolidando sua liderança no ensino técnico-profissional.

Em 1917, Monteiro Lobato publicava dois artigos: "A Criação do Estilo" e a "Oficina Escola no Estado de São Paulo", que representaram a consagração daquela entidade.

No mesmo ano, o próprio Monteiro Lobato movia a cerrada campanha contra o expressionismo e as novas correntes de arte moderna, a pretexto de criticar a exposição de Anita Malfatti recém-chegada de seus estudos na Europa e nos Estados Unidos, impregnada de modernismo.

Anita Malfatti foi a figura de pintora mais destacada na Semana de Arte Moderna de 1922, e, como professora de Arte, em seu *atelier* (e mais moderadamente na Escola Americana) inovaria os métodos e as concepções da arte infantil, transformando a função do professor em espectador da obra de arte da criança, e ao qual competia, antes de tudo, preservar sua ingênua e autêntica expressão.

A partir da Semana de Arte Moderna, acentuam-se os traços definidores de uma ruptura da *intelligenzia* brasileira, dando como resultado específico, por um lado, a valorização do Desenho como técnica e por outro, a exaltação dos elementos internos expressivos como constituintes da própria forma.

Arte e Técnica assumiam, deste modo, os polos de um debate que, somente depois de concretizados alguns ideais da Semana de Arte, haveriam de ser problematizados de maneira mais coerente, procurando-se sua vinculação essencial.

Lourenço Filho, Alice Meirelles Reis e Zuleica Ferreira foram os divulgadores destas novas propostas vinculadoras, lutando por implantar a ideia do trabalho como formação da personalidade, baseados principalmente nos princípios de

Decroly que, a partir de 1921, inovara a educação técnica, dirigindo na Bélgica a seção de Psicologia e Orientação Profissional.

Estava preparado o longo caminho percorrido desde as influências do liberalismo, procedentes do século XIX, até as primeiras manifestações da Arte Moderna, em 1922, para que no Brasil fosse possível, sobretudo após a Segunda Guerra Mundial, sob a influência da Bauhaus, o desdobramento dialético das tensões entre o Desenho como Arte e o Desenho como Técnica, entre a expressão do eu e a expressão dos materiais.

# BIBLIOGRAFIA

1 – *Fontes primárias*

1. Documentos sobre reforma dos cursos de desenho em escolas públicas secundárias em São Paulo.
2. Arquivos particulares de Flávio Motta. São Paulo.
3. Arquivos da Escola de Belas-Artes do Rio de Janeiro.
4. Arquivo da Escolinha de Arte Brasil. Rio de Janeiro.
5. Arquivos da Biblioteca Nacional do Rio de Janeiro: os Manuais de desenho usados nas escolas secundárias no séc. XX.
6. Arquivo do jornal "O Estado de São Paulo".
7. Arquivo pessoal da Profa. Elza Mine Rocha e Silva.

2 – *Fontes secundárias*

*Livros*

ALMEIDA, Roberto Trompowsky Leitão de. *Lições de geometria*. Rio de Janeiro, Imprensa Nacional, 1905.
ALONSO, Antônio. *O impulso criador das crianças*. Washington, D.C., União Pan-Americana, s.d.

AMARAL, Aracy. *Artes plásticas na semana de 22*. São Paulo, Perspectiva, 1970.

AMOROSO LIMA, Alceu. *Introdução à literatura brasileira*. Rio de Janeiro, Agir, 1956.

ANDRADE, Mário de. "Do desenho". In: *Aspectos das artes plásticas no Brasil*. São Paulo, Martins, 1965.

ANTUNES, Dioclécio. *O pintor do romantismo: Araújo*. Porto Alegre, s.c.p., 1943.

ANTUNHA, Heladio. *A reforma de 1920 da instrução pública no Estado de São Paulo*. São Paulo, Tese de doutoramento apresentada na Faculdade de Filosofia, Letras e Ciências Humanas da Universidade de São Paulo, 1967.

ARTUS PERELET, Louise. *O desenho a serviço da educação*. Rio de Janeiro, Villas-Boas, 1930.

ÁVILA, Antonio d'. *Atividades manuais sem caráter profissional*. São Paulo, Centro de Estudos Roberto Mange, 1960. Mimeogr.

AZANHA, J.M. Pires. *Experimentação educacional*. São Paulo, EDART, 1974.

AZEVEDO, Fernando de. *A cultura brasileira*. São Paulo, Ed. Nacional, 1944.

BANDEIRA, José Senem. *Desenho*. Rio de Janeiro, Brasil, 1948.

\_\_\_. *Como planejar o desenho no curso secundário*. Rio de Janeiro, Aurora, 1954.

BARATA, Mário. *Raízes e aspectos da história do ensino artístico no Brasil*. Rio de Janeiro, Escola de Belas-Artes da Universidade Federal do Rio de Janeiro, 1966.

BARBOSA, Rui. Reforma do ensino secundário e superior (1882). In: *Obras completas*. Rio de Janeiro, Ministério de Educação e Saúde, 1941.V.9, t.l

\_\_\_. Reforma do ensino primário (1883). In: *Obras completas*. Rio de Janeiro, Ministério de Educação e Saúde, 1947, v. 10, t. 1, 2, 3, 4.

\_\_\_. Lições de coisas (1886) In: *Obras completas*. Rio de Janeiro, Ministério de Educação e Saúde, 1950. v.13, t.l

\_\_\_. Discurso no Liceu de Artes e Ofícios (1882) In: *Obras completas*. Rio de Janeiro, Ministério de Educação e Saúde, 1941. v.2, t.2

BITTENCOURT, Gean Maria. *A missão artística francesa de 1816*. Petrópolis, Museu de Armas Ferreira da Cunha, 1967.

BORGES Abílio César Pereira. *Geometria Popular*. Rio de Janeiro, Livraria Francisco Alves, 1959.

BRAGA, Theodoro. *Para a posteridade*: artistas pintores no *Brasil*. São Paulo. Edit. São Paulo, 1942.

BRASIL. Imperial Lyceo de Artes e Officios. *Polyantheia commemorativa da inauguração das aulas para o sexo feminino*. Rio de Janeiro, 1881.

BRASIL. Leis, decretos, etc. *Consolidação da legislação federal do ensino superior e do secundário*. Rio de Janeiro, Revista dos Tribunais, 1918.

BRASIL. Ministério da Educação e Cultura. *Introdução ao estudo do currículo da escola primária*. Rio de Janeiro, CILEME-MEC, 1955.

___. *Programas do ensino secundário*. Rio de Janeiro, Imprensa Nacional, 1942. 4v.

BRIQUET, Raul. "Educação: Brasil colônia". In: MORAES, Rubens Borba. *Manual bibliográfico de estudos brasileiros*. Rio de Janeiro, Ed. Souza, 1949.

BRUNO. *O Brasil mental*. Porto, Chardon, 1898.

CAMPANHA DE DIFUSÃO DO ENSINO SECUNDÁRIO. *Didática do desenho*: súmulas para os cursos de orientação. Rio de Janeiro, CADES, 1962.

CARDOSO, Vicente Licínio. *Philosofia da arte*. Rio de Janeiro, José Olympio, 1953.

CARNEIRO LEÃO, A. *O ensino na capital federal do Brasil*. Rio de Janeiro, Jornal do Comércio, 1926.

CARONE, Edgar. *República velha*. São Paulo, Difusão Europeia do Livro, 1970.

CARVALHO, Benjamin Araújo. *Didática especial de desenho*. São Paulo, Ed. Nacional, 1958.

___. *Programa de desenho para a 1ª e 2ª séries ginasiais*. São Paulo, Ed. Nacional, 1957.

CARVALHO, Laerte Ramos de. *Introdução ao estudo da história da educação brasileira*. São Paulo, Universidade de São Paulo, 1971. Sumário apresentado no 1º Seminário de Estudos Brasileiros, de 13 a 25 de setembro de 1971.

CARVALHO, Reis. *A questão do ensino, base de uma reforma da instrução pública no Brasil*. Rio de Janeiro, Jornal do Comércio, 1910.

CONFERÊNCIA INTERESTADUAL DE ENSINO PRIMÁRIO. *Anais*. Rio de Janeiro, O Norte, 1922.

CONSELHO DE EDUCAÇÃO SUPERIOR DAS REPÚBLICAS AMERICANAS. *As artes e a universidade*. Nova York, 1964.

COSTA, Angione. *A inquietação das abelhas*. Rio de Janeiro, Pimenta de Mello, 1927.

COSTA, Cruz. *Contribuição à História das ideias no Brasil*. Rio de Janeiro, Civilização Brasileira, 1967.

COSTA, Lucio. *Sobre arquitetura*. Porto Alegre, Edit. da Universidade de Porto Alegre, 1962.

DANTAS, San Thiago. *Dois momentos de Rui Barbosa*. Rio de Janeiro, Casa de Rui Barbosa, 1949.

DEPOIMENTOS 2. Mário de Andrade. São Paulo, Grêmio da Faculdade de Arquitetura e Urbanismo, 1966.

DORIA, Scregnolle. *Memória histórica do Colégio D. Pedro II*. Rio de Janeiro, Ministério de Educação e Cultura, 1967.

DÓRIA, Sampaio. *Princípios de pedagogia*. São Paulo, Pocai, Weiss, 1914.

_____. *Questões de ensino*. São Paulo, Monteiro Lobato, 1923.

DUQUE, Gonzaga. *Contemporâneos*. Rio de Janeiro, Tip. Benedicto de Souza, 1929.

EBOLI, Terezinha. *Uma escola diferente*. São Paulo, Ed. Nacional, 1969.

ELBERTH JÚNIOR, Pedro. *Vamos desenhar motivos hachurados*. Rio de Janeiro, Imprensa Nacional, 1951.

*ELEMENTARY drawing copy-book for the use of children from four years old and upwards in schools and families*, compiled by a student certified by the Science and Art Department. London, Chapman and Hallan, s.d.

ESPINHEIRA, Ariosto. *Arte popular e educação*. São Paulo, Ed. Nacional, 1938.

FELKIN, H.M. *Technical education in a Saxon town*. S.l.p., s.c.p., 1881.

_____. *Technical education in a German town*, s.n.t.

FERREIRA, Félix. *Do ensino profissional: Liceu de Artes e Ofícios*. Rio de Janeiro, Imprensa Industrial, 1876.

FLORESTA, Nisia. *Opúsculo humanitário*. Rio de Janeiro, s.c.p., 1953.

FONSECA, Corinto da. *A escola ativa e os trabalhos manuais*. São Paulo, Edit. Melhoramentos, s.d.

FONSECA, Celso Suckow. *História do ensino industrial no Brasil*. Rio de Janeiro, Escola Técnica Nacional, 1961.

FRANCASTEL, Pierre. *Arte e técnica*. Lisboa, Livros do Brasil, s.d.

FREITAS, Zoraide Rocha. A *história do ensino profissional no Brasil*. São Paulo, s.c.p., 1954.

FURTADO, Godofredo. *A escola normal e seus professores positivistas*. São Paulo, King, 1885.

GALVÃO, Alfredo. *Subsídios para a história da Academia Imperial e da Escola Nacional de Belas-Artes*. s.n.t.

___. *João Zeferino da Costa*. Rio de Janeiro, s.c.p. 1973.

GRACIO, Rui et alii. *Educação estética e ensino escolar*. Lisboa, Europa-América, 1966.

GRENSBECK, Maria Helena. *Mário de Andrade e l'Esprit Nouveau*. São Paulo, Instituto de Estudos Brasileiros. USP, 1969.

HAIDAR, Maria de Lourdes Mariotto. *O ensino secundário no império brasileiro*. São Paulo, Editora da USP, 1972.

HARDING, H.D. *Lessons on art education by William Walker*. London, s.c.p., s.d.

HOLANDA, Sérgio Buarque de. *Raízes do Brasil*. Rio de Janeiro, José Olympio, 1969.

___. *O Brasil monárquico*. São Paulo, Difusão Europeia do Livro, 1967. v.3.

KELLY, Celso. *Arte e comunicação*. Rio de Janeiro, Agir, 1972.

LABORATÓRIO de pedagogia experimental. São Paulo, Siqueira Nagel, 1914.

LEITE, Serafim. *Artes e ofícios dos jesuítas no Brasil*. Lisboa, Livros de Portugal, 1953.

LIMA & THOMPSON. *Desenho a mão livre*. Rio de Janeiro, Francisco Alves, 1950. 5v.

LINS, Ivan. *História do positivismo no Brasil*. São Paulo, Ed. Nacional, 1964.

LOURENÇO, Filho. *A pedagogia de Rui Barbosa*. São Paulo, Melhoramentos, s.d.

MACIEL DE BARROS, Roque Spencer. *A ilustração brasileira e a ideia de universidade*. São Paulo, USP, 1959.

MATTOS, Anibal. *Belas-Artes*. Minas Gerais, Imp. Oficial, 1923.

MARINO, Divo. *O desenho da criança*. São Paulo, Edit, do Brasil, 1957.

MARQUES JUNIOR, Rivadavia. *Política educacional republicana*. Araraquara, 1967. Tese de concurso de doutoramento apresentada na cadeira de História e Filosofia da Educação da Faculdade de Filosofia, Ciências e Letras de Araraquara.

MELLO E SOUZA, Antônio Cândido de. "O romantismo como posição do espírito e da sensibilidade". In: *Formação da literatura brasileira*. São Paulo, Martins, p. 22-33.

MENDES, Franklin. *Rudimentos de geometria e desenho geométrico*. São Paulo, Edit. Nacional, 1936.

MENDONÇA, Edgar S. de. *Curso de desenho*. São Paulo, Ed. Nacional, 1936.

MENUCCI, Sud. *Cem anos de instrução pública*. São Paulo, Sales Oliveira Rocha, 1932.

MESNIL, A. du. Lettre à M. *Jules Ferry, Ministre de l'Instruction Publique et des Beaux Arts*. Paris, s.c.p., 1880.

MOREIRA, J. Roberto. *Educação e desenvolvimento do Brasil*. Rio de Janeiro, Centro Latino-Americano de Pesquisas em Ciências Sociais, 1960.

MOACYR, Primitivo. *A instrução e a república*. Rio de Janeiro, Imprensa Nacional, 1942. 4v.

NAGLE, Jorge. *Educação e sociedade na primeira república*. São Paulo, EPU, 1974.

_____. *Educação e sociedade na primeira república*. São Paulo, EPU, 1974.

NEVES, J.M. de Castro. *Desenho para a 1ª e 2ª série do curso ginasial*. Rio de Janeiro, Ed. Nacional, 1953.

NICHOLS, George Ward. *Art education applied to industry*. Nova York, s.c.p., 1877.

NORBERTO, José. *Conceitos fundamentais para o conhecimento do desenho*. Recife, tese apresentada ao concurso de cátedra do Ginásio Estadual Pernambucano, 1922.

OBERG, Lamartine. *Desenho no ginásio*. São Paulo, Ed. Nacional, 1953.

OLIVEIRA, Lima. *Formação histórica da nacionalidade brasileira*. Rio de Janeiro, Leitura, 1944.

OLIVEIRA, Samuel. *Geometria algébrica*. Rio de Janeiro, Cunha, 1897.

OS PEQUENOS artistas: 48 modelos para desenho. Rio de Janeiro, Laemmert, s.d.

PAIM, Antônio. *História das ideias filosóficas no Brasil*. São Paulo, Grijalbo, 1967.

PAIVA, Vanilda Pereira. *Educação popular e educação de adultos*. São Paulo, Ed. Loyola, 1973.

PEABODY, Elisabeth. *Plea for Froebel Kindergaten as the first grade of primary art education*, s.n.t.

PENTEADO NETO, Onofre. *Fins e meios da educação artística universitária*. Rio de Janeiro, Escola de Belas Artes, 1955. Tese (doutoramento) Esc. Belas-Artes da Universidade Federal do Rio de Janeiro. Mimeogr.

_____. *O ensino artístico*. Rio de Janeiro, s.c.p., 1954. Mimeogr.

PEREIRA, Álvaro Nunes. *Escola livre de engenharia de Porto Alegre*. Porto Alegre, Americana, 1896.

PINHEIRO, Gerson Pompeu. *Das artes plásticas: a missão cultural e educativa das Escolas de Belas-Artes*. Rio de Janeiro, Jornal do Comércio, 1950.

\_\_\_. *O desenho de observação*. Rio de Janeiro, Jornal de Comércio, 1942.

PONTUAL, Roberto. *Dicionário das artes plásticas no Brasil*. Rio de Janeiro, Civilização Brasileira, 1969.

PROENÇA, Rosa. *Augusto Comte e a arte*. Rio de Janeiro, s.c.p., 1957.

RABELLO, Sílvio. *Psicologia do desenho infantil*. São Paulo, Ed. Nacional, 1935.

REGAMEY, F. *L'enseignement du dessin aux États-Unis*. Paris, s.c.p., 1881.

RENAULT, Delso. *O Rio antigo nos anúncios de jornais*. Rio de Janeiro, José Olympio, 1969.

RIO DE JANEIRO (estado) Departamento Administrativo do Serviço Público. Divisão de Aperfeiçoamento. *Curso de desenho*. Rio de Janeiro, Imprensa Nacional, 1944.

RIOS FILHO, Alfredo Morales de los. *O ensino artístico no Brasil no século XIX*. s.n.t.

RIBEIRO JUNIOR, Faustino V. de Oliveira. *Desenho geral*. Rio de Janeiro, Laemmert, 1898.

RODRIGUES, Leda M.P. *A instrução feminia em São Paulo: subsídios para a sua história até a proclamação da República*. São Paulo, Pontifícia Universidade Católica, 1970. Tese (Cátedra lit. bras.) Fac. Fil.C.Let. "Sedes Sapientiae" da PUCSP. Mimeogr.

ROSSETI, Marta; PORTO, Telê; SOARES, Yone. *Brasil: primeiro tempo modernista, 1917-1929*. São Paulo, Instituto de Estudos Brasileiros, USP, 1972.

ROTONDARO, Rafael. *Desenho no ginásio para as 1ª e 2ª séries*. São Paulo, Ed. Nacional, 1952.

RUBENS, Carlos. *Pequena história das artes plásticas no Brasil*. São Paulo, Ed. Nacional, 1941.

\_\_\_. *As artes plásticas no Brasil e o Estado Novo*. São Paulo, Ed. Nacional, s.d.

SÁ, Eduardo de. *Exposição republicana de Belas-Artes*. Rio de Janeiro, Pinheiro, 1898.

SENA, Adalberto Corrêa. *Legislação brasileira do ensino secundário*. Rio de Janeiro, MEC-CADES, 1959.

SEVERO, Ricardo. *O Liceu de Artes e Ofícios de São Paulo*. São Paulo, LAO, 1934.

SILVA, Maria Beatriz Nizza. *Linguagem, Cultura, Sociedade: o Rio de Janeiro de 1808 a 1821*. São Paulo, USP, 1973. Tese (livre-docência) Fac.Fil. Let. e Ciências Humanas Univ.S.Paulo. Mimeograf.

SILVA, Eurico. *O desenho*. Uberlândia, s.c.p., 1958.

SMITH, Roberto C. "Arte". In: MORAES, Rubens Borba de. *Manual Bibliográfico de estudos brasileiros*. Rio de Janeiro, Souza, 1949.

SMITH, Walter. *Art education: escholastic and industrial*. Boston, s.c.p., 1873.

SOUZA, Alcídio. M. de. *Artes plásticas na escola*. Rio de Janeiro, Bloch, 1968.

SODRÉ, Nelson Werneck. *Síntese da história da cultura brasileira*. Rio de Janeiro, Civilização Brasileira, 1972.

SPERANDIO, Amadeu. *Curso completo de desenho*. São Paulo, Saraiva, 1938.

STETSON, Charles. *Modem art education*, s.n.t.

TAUNAY, Afonso de E. *A missão artística de 1816*. Rio de Janeiro, Serviço do Patrimônio Histórico e Artístico Nacional, 1956.

TEIXEIRA, Anísio. *Pequena introdução à filosofia da educação*. São Paulo, Ed. Nacional, 1968.

___. *A educação no Brasil*. São Paulo, Ed. Nacional, 1969.

TEIXEIRA DE FREITAS, M.A. *O ensino primário no Brasil*. São Paulo, Ed. Melhoramentos, s.d.

TOBIAS, José Antônio. *História das ideias estéticas no Brasil*. São Paulo, Grijalbo, 1967.

TORRES, João Camilo de Oliveira. *O positivismo no Brasil*. Petrópolis, Vozes, 1943.

VALLADARES, José. *Arte brasileira*. Salvador, Progresso, 1965.

VALLE KUYUMJIAN, Dinorath. *Arte infantil na escola primária*. São Paulo, Ed. Clássico Científica, 1965.

VANDERHAEGEN, E. *Quelle est l'importance de la geometrie et du dessin dans l'enseignement primarie*. Rapport presente in Congress International d'Enseignement, Bruxelles, 1880.

VASCONCELOS, Joaquim de. *Reforma do ensino de desenho*. Porto, s.c.p. 1879.

VERÍSSIMO, José. *A educação nacional*. 2. ed. Rio de Janeiro, Francisco Alves, 1906.

UNIVERSIDADE DO BRASIL. *Quatro séculos de cultura*. Rio de Janeiro, s.c.p., 1966.

WOJNAR, Irena. *Estética y pedagogia*. México, Fondo de Cultura Econômica, 1963.

## PERIÓDICOS CONSULTADOS

1. ALMANAQUE GARNIER. Rio de Janeiro
2. A ESCOLA NORMAL. Rio de Janeiro
3. ANAIS DA UNIVERSIDADE DO BRASIL. Rio de Janeiro
4. ANUÁRIO DA FACULDADE DE FILOSOFIA, CIÊNCIAS E LETRAS "SEDES SAPIENTIAE". São Paulo
5. ARQUIVOS DA UNIVERSIDADE DA BAHIA. Salvador
6. ARQUIVOS DA ESCOLA DE BELAS ARTES. Rio de Janeiro
7. ARTE EDUCAÇÃO. Rio de Janeiro
8. BELLAS ARTES. Rio de Janeiro
9. COMENTÁRIO. Rio de Janeiro
10. CORREIO DO CENTRO REGIONAL DE PESQUISAS EDUCACIONAIS DO RIO GRANDE DO SUL. Porto Alegre
11. CRIANÇA E ESCOLA. Belo Horizonte
12. DOM CASMURRO. Rio de Janeiro
13. EDUCAÇÃO. Brasília
14. EDUCAÇÃO HOJE. São Paulo
15. EDUCAÇÃO PARA O DESENVOLVIMENTO. São Paulo
16. ESCOLA SESI. Rio de Janeiro
17. ESCOLA SECUNDARIA. Rio de Janeiro
18. HABITAT. Rio de Janeiro
19. HANDBOOK OF LATIN AMERICAN STUDIES. Cambridge, Harvard University
20. HUMANITAS. Curitiba.
21. ILUSTRAÇÃO BRASILEIRA. Rio de Janeiro
22. REVISTA DE ADMINISTRAÇÃO DE EMPRESAS. São Paulo
23. REVISTA BRASILEIRA. Rio de Janeiro
24. REVISTA BRASILEIRA DE ESTUDOS PEDAGÓGICOS. Rio de Janeiro
25. REVISTA DE ENSINO. Porto Alegre
26. REVISTA DO INSTITUTO HISTÓRICO E GEOGRÁFICO BRASILEIRO. Rio de Janeiro.

27. REVISTA DO INSTITUTO BRASILEIRO DE HISTORIA DA ARTE. Rio de Janeiro
28. REVISTA DO INSTITUTO DE ESTUDOS BRASILEIROS. São Paulo
29. REVISTA NACIONAL. Rio de Janeiro
30. REVISTA DE PEDAGOGIA. São Paulo. Faculdade de Filosofia Ciências e Letras. USP.
31. REVISTA DO PROFESSOR. São Paulo
32. REVISTA DO SERVIÇO DO PATRIMÔNIO HISTÓRICO E ARTÍSTICO NACIONAL. Rio de Janeiro
33. SOMBRA. Rio de Janeiro
34. STUDIO-TALK. Rio de Janeiro
35. VERITAS. Porto Alegre
36. VISÃO. São Paulo

## ARTIGOS DE PERIÓDICOS

ALBUQUERQUE, Paulo de Medeiros e. Entrevista Portinari. *Dom Casmurro*, Rio de Janeiro, 2:12, ago. 1941.

AMARAL, Villemon. O fator cor na análise do desenho. *Anuário da Faculdade de Filosofia, Ciências e Letras "Sedes Sapientiae"*, São Paulo.

ANDRADE, Rodrigo de Mello Franco de. Porto Alegre, precursor dos estudos de História da Arte no Brasil. *Revista do Instituto Histórico e Geográfico Brasileiro*, Rio de Janeiro, 184: 119-133.

ARQUIVOS DA ESCOLA DE BELAS-ARTES. Rio de Janeiro. 1950, 5; 1960, 6; 1962, 8; 1964, 10; 1966, 12; 1967, 13; 1968, 14.

ARTIGAS, João Villanova. O desenho. *Revista do Instituto de Estudos Brasileiros*, São Paulo, 3:23-35.

BARBOSA, Ana Mae. Arte, criatividade e adolescência. *Educação Hoje*, São Paulo: 23-32, nov./dez. 1970.

____. Escolinha de Arte São Paulo: fundamento, andamento. *Educação para o desenvolvimento*, São Paulo, 14:9-18, jun. 1969.

____. Arte e educação: um estudo comparativo de métodos e fins. *Arte e Educação*, Rio de Janeiro, 1(12): 9-11, Jul. 1972.

BENATHAR, Roberto. A arte no currículo do ginásio polivalente. *Arte e Educação*, Rio de janeiro, 1(2):6, fev. 1971.

BOERMA, Ap. Arte e educação. *Escola Secundária*, Rio de Janeiro, 10, set. 1959.

CASTRO, Amélia. A história do ensino secundário brasileiro. *Revista de Pedagogia*, 1(1), jan/jun. 1955.

CENTO e cinquenta crianças e um amigo delas. *Visão*, São Paulo, 13(13):94-95, 1968.

DEL NEGRO, Carlos. O ensino do desenho. *Anais da Universidade do Brasil*, Rio de Janeiro, 10(5):37-49, 1959.

DIFERENTES técnicas na expressão das crianças através do desenho, por estagiários da Escolinha de Arte de São Paulo. *Educação para o desenvolvimento*, São Paulo, 14:39-41, jun. 1969.

FERREIRA, Pedro de Figueiredo. Desenho e semiologia do estado emocional. *Arte e Educação*, Rio de Janeiro 1(13):2, ago. 1972.

FERRETI, Celso. Arte infantil e a formação da personalidade. *Revista do Professor*, São Paulo, 8(24): 32-35, 1960.

FINKLER, Pedro. Psicologia do sentimento estético. *Veritas*, Porto Alegre, 15(60):255-264, 1970.

FREITAS, Zoe Chagas. A influência da arte no processo educacional. *Arte e Educação*, Rio de Janeiro, 1(4):11, abr. 1971.

GALVÃO, Alfredo. Manoel Araújo Porto Alegre. *Revista do Serviço do Patrimônio Histórico e Artístico Nacional*, 14:19-120, 1959.

GNOCCHI, Ângelo Guido. Do inquieto pensar à contemplação estética. *Veritas*, Porto Alegre; 15(60): 246-254, 1970.

GROSE, Francis. O professor, um catalisador no processo de criação. *Arte e Educação*, Rio de Janeiro, 1(2): 11, fev. 1971.

HANDBOOK OF LATIN AMERICAN STUDIES. Cambridge, Harvard University. 1937(2); 1938(3); 1939(4); 1940(5); 1941(6).

KELLY, Celso. O ensino das artes no nível universitário. *Bellas Artes*, Rio de Janeiro, 5(55-56), nov./ dez. 1939.

___. Reflexões vadias em torno da arte e educação. *Arte e Educação*, 1(3):10, mar. 1971.

LACOMBE, Américo Jacobina. Os cronistas da época de D. João. *Revista do Instituto Histórico e Geográfico Brasileiro*, Rio de Janeiro, 279:98-113.

LARA, Cecília de. A presença da arte nos currículos escolares. *Educação Hoje*, São Paulo :32-35, mar/abr. 1969.

LATERZA, Mozacyr. Criatividade. *Criança e Escola*, Belo Horizonte, 22:25-32, 1970.

LOPES, Eduardo. Design faz tecnologia criativa? *Revista de Administração de Empresas*, São Paulo, 11(1), jan/mar. 1971, 95-106.

LOPES, Telê Ancona. Arte e educação na Suécia. *Arte e Educação*, 1(13):10-13, ago. 1972.

MARSON, Fernando. O ensino artístico no curso secundário. *Revista de Pedagogia*, São Paulo, 9(16): 77-116, jan/jun. 1963.

MELLO, Veríssimo de. Divagações em torno de uma exposição. *Sombra*, Rio de Janeiro, 1(13):66-67, dez. 1942.

MERON, Maria. Que se pretende com as artes na escola. *Educação para o desenvolvimento*, São Paulo, 14:34-38, 1969.

MILANI, Fernanda. A formação do professor de arte. *Educação para o desenvolvimento*, São Paulo, 14: 34-38, 1969.

MOTTA, Flávio. Art Nouveau em São Paulo. *Habitat*, 10.

___. Arte na praça. *Educação para o desenvolvimento*, São Paulo, 14:27-28, 1969.

MOTTA, Getúlio. Por que não se deve dar à criança desenhos feitos para colorir? *Arte e Educação*, Rio de Janeiro, 1(4): 16, abr. 1971.

NOVAES, Maria Helena. Criatividade: processo-produto. *Arte e Educação*, Rio de Janeiro, 1(3):8, mar. 1971.

OLIVEIRA, Daise. As artes plásticas na atividade da criança. *Humanitas*, Curitiba, 10:143-147, 1968.

OLIVEIRA, Fleury. Algumas considerações sobre arte na escola. *Educação para o desenvolvimento*, São Paulo, 14:17-20, 1969.

PALLU, Antonia Aparecida. Educação pela arte e educação artística. *Educação para o desenvolvimento*, São Paulo, 14:21-26, 1969.

PEREGRINO, Maria Gabriela. Experiências pedagógicas brasileiras. *Arte e educação*, Rio de Janeiro, 1(13): 15, ago. 1972.

PORTO ALEGRE, Manoel de Araújo. Apontamentos sobre a academia de Bellas Artes do Rio de Janeiro. *Bellas-Artes*, Rio de Janeiro, 5:55-56, nov/dez. 1939.

___. Apontamentos sobre os meios práticos de desenvolver o gosto e a necessidade das Belas-Artes no Rio de Janeiro. *Revista do Instituto Histórico e Geográfico Brasileiro*, Rio de Janeiro, 166, 1932.

REVISTA NACIONAL. 1921-23.

RIBEIRO, Flexa. A arte decorativa no Brasil. *Ilustração Brasileira*, Rio de Janeiro, 15(22).

___. O ensino artístico no Brasil. *Ilustrações Brasileira*, Rio de Janeiro, 20(81):44-45, jan. 1942.

___. A Escola Nacional de Bellas Artes do Império à República. *Ilustração Brasileira*, Rio de Janeiro, 17(56):35-36, dez. 1939.

___. Três retardatários iniciadores. *Ilustração Brasileira*, Rio de Janeiro, 15(30): 18-20, out. 1937.

RODRIGUES, Augusto. Educação e arte. *Revista do Ensino*, Porto Alegre, 4(25): 18-22, 1954.

___. Uma experiência criadora na educação brasileira. *Revista Brasileira de Estudos Pedagógicos*, Rio de Janeiro, 59(130): 277-288, jul/set. 1973.

___. Ao resto, o resto. *Educação para o desenvolvimento*, São Paulo, 15:53-56, ago. 1969.

RENAULT, Delso. O ensino e a educação no período da independência. *Arte e educação*, Rio de Janeiro, 1(13): 13, ago. 1972.

RUSSO, Therezinha. É a liberdade um ato de criação? *Arte e educação*, Rio de Janeiro, 1(12):14, jul. 1972.

SALDANHA, Arthur de Mattos. Teoria do processo criador e a objeção prospeccionista. *Veritas*, Porto Alegre, 15(60):265-287, 1970.

SAMPAIO, Rosa Maria. A comunicação e a beleza no cotidiano. *Educação para o desenvolvimento*, São Paulo, 14:19-22, jun. 1969.

SANTA ROSA, Thomas. A arte e o meio brasileiro. *Revista Brasileira*, Rio de Janeiro, 1(6):656-658, dez. 1938.

___. Algumas influências na Arte do Brasil. *Revista Brasileira*, Rio de Janeiro, 1(2):209-211, ago. 1939.

___. Uma exposição proveitosa. *Revista Brasileira*, Rio de Janeiro, 1(1):102-104, jul. 1938.

SANTOS, Olga Machado. A criatividade na adolescência. *Correio do Centro Regional de Pesquisas Educacionais do Rio Grande do Sul*, Porto Alegre, 5(41):23-26, mar. 1964.

SANTOS, Paulo F. Adolfo Moraes de los Rios. *Revista do Instituto Brasileiro de História da Arte*, Rio de Janeiro, 1:33-50.

SANTOS, Sadi Casimiro dos. O desenho como matéria ensino. *Escola Secundária*, Rio de Janeiro, 8, maio 1969.

SILVEIRA, Nise. A concepção educacional de Herbert Read. *Revista Brasileira dos Estudos Pedagógicos*, Rio de Janeiro, 59(130):241-250, jul/set. 1973.

SZMERCSNYI Tomás. Educação através da arte. *Comentário*, Rio de Janeiro, l(5):51-55, 1964.

TORRES, Otávio. Resumo histórico da Escola de Belas-Artes da Bahia. *Arquivos da Universidade da Bahia*, Salvador, 10:191-215.

TRIGUEIRO, Dumerval. Realidade, experiência, criação. *Revista Brasileira de Estudos Pedagógicos*, Rio de Janeiro, 59(130).

VALENTIM, Lúcia Alemestre. Ciência e arte na educação. *Educação*, Brasília, abr./jun. 1971; 108-110.

VARELA, Noemia. Criatividade na escola e formação do professor. *Arte e Educação*, Rio de Janeiro, 1(12) :6-8, jul. 1972.

VIANA, Mário Gonçalves. O capital ideias: criatividade e sua problemática. *Escola Sesi*, Rio de Janeiro, 1(3): 13-15, jul./set. 1966.

## JORNAIS CONSULTADOS

1. CORREIO DE MINAS. Belo Horizonte.
2. CORREIO BRAZILIENSE. Brasília.
3. DIÁRIO DE NOTÍCIAS. Rio de Janeiro; Suplemento de Educação, 1933.
4. FOLHA DO NORTE. Pará.
5. JORNAL DO COMÉRCIO. Rio de Janeiro.
6. JORNAL DO BRASIL. Rio de Janeiro.
7. O ESTADO DE SÃO PAULO. São Paulo.
8. O ESTADO DO PARÁ. Pará.
9. O IMPARCIAL. Rio de Janeiro.
10. O JORNAL. Pará.
11. O NOVO MUNDO. Nova York.
12. O PAÍS. Rio de Janeiro.
13. A PROVÍNCIA DO PARÁ. Pará.

## ARTIGOS DE JORNAIS CONSULTADOS

ARTE do desenho, por M. *O Jornal*, Pará, 18 de agosto de 1909; 20 de agosto de 1909; 24 de agosto de 1909, 28 de agosto de 1909.

BRAGA, Theodoro. Arte do desenho. *O Jornal*, Pará, 19 de agosto de 1909.

___. Pela arte escolar. *A Província do Pará*, Pará, 25 de agosto de 1909.

___. Pela arte escolar. *O Jornal*, Pará, 12 de agosto de 1909.

COSTA, Lucio. Arte e Educação. *Jornal do Brasil*, Rio de Janeiro, 19 de setembro de 1959.

DIAS, Bartolomeu. O estudo do desenho. *O Estado do Pará*, Pará, 13 de julho de 1915.

DISCURSO do Dr. Ricardo Severo. *O Estado de São Paulo*, São Paulo, 12 de dezembro de 1917.

A ESCOLA regional de Merety. *O Imparcial*, Rio de Janeiro, 2 de fevereiro de 1927.

EXPOSIÇÃO de desenho. *A Província do Pará*, 19 de setembro de 1909; 22 de setembro de 1909.

EAUCONNET, Paul. O congresso de educação nova. *O Estado de São Paulo*, São Paulo, maio de 1928.

JOAFNAS. O desenho ao mesmo tempo que o ABC. *Folha do Norte*, 19 de setembro de 1909.

LESS A, Gustavo. O preparo do professor primário nos Estados Unidos. *Jornal do Comércio*, 10 de fevereiro de 1933.

LOBATO, Monteiro. A criação do estilo. *O Estado de São Paulo*, 1º de janeiro de 1917.

MALFATTI, Anita. *O Estado de São Paulo*. Suplemento Literário.

MARIANO FILHO, José. A influência da missão artística de Lebreton. *Jornal do Brasil*, Rio de Janeiro, 26 de dezembro de 1940.

MALDONADO, Tomaz. A educação artística e as novas perspectivas científicas e tecnológicas. *Jornal do Brasil*, Rio de Janeiro, 19 de setembro de 1959.

___. O problema da educação artística depois da Bauhaus. *Jornal do Brasil*, Rio de Janeiro, 7 de janeiro de 1961.

MOACYR, Primitivo. A universidade de D. João VI. *O Estado de São Paulo*. 1º de janeiro de 1940.

MORAES, Frederico. O ensino da história da arte. *Correio de Minas*, 11 de abril de 1962.

MOREIRA, Roberto. Educação. *Jornal do Brasil*, Rio de Janeiro, 21 de outubro de 1965.

MOTTA, Flavio. Desenho e emancipação. *Correio Braziliense*, Brasília, 1967.

SOARES, José Carlos de Macedo. Ricardo Severo. *O Estado de São Paulo*, São Paulo.

SOUZA, Alfredo. Impressões de Arte: a exposição escolar. *Folha do Norte*, 19 de setembro de 1909.

SOUZA, Waldemiro. Escolinha de arte. *Jornal do Comércio*. Rio de Janeiro, 11 de junho de 1960.

## ARTE NA PERSPECTIVA

*Barroco Mineiro'*
  Lourival Gomes Machado (D011)
*O Lúdico e as Projeções do Mundo Barroco*
  Affonso Ávila (D035)
*A Arte de Agora, Agora*
  Herbert Read (D046)
*A Nova Arte*
  Gregory Battcock (D073)
*Maneirismo: O Mundo como Labirinto*
  G. R. Hocke (D092)
*Significado nas Artes Visuais*
  Erwin Panofsky (D099)
*Mundo, Homem, Arte em Crise*
  Mário Pedrosa (D106)
*De Anita ao Museu*
  Paulo Mendes de Almeida (D133)
*Os Novos Realistas*
  Pierre Restany (D137)
*História do Surrealismo*
  M. Nadeau (D147)
*O Futurismo Italiano*
  Aurora Bernardini (org.) (D167)

*Feitura das Artes*
  José Neistein (D174)
*Mário Zanini e seu Tempo*
  Alice Brill (D187)
*Marcel Duchamp: Engenheiro do Tempo Perdido*
  Pierre Cabanne (D200)
*Neolítico: Arte Moderna*
  Ana Cláudia de Oliveira (D202)
*A Arte da Performance*
  Jorge Glusberg (D206)
*Da Arte e da Linguagem*
  Alice Brill (D209)
*Do Simbólico ao Virtual*
  Jorge Lúcio de Campos (D235)
*Poesia Visual – Vídeo Poesia*
  Ricardo Araújo (D275)
*Ponto de Fuga*
  Jorge Coli (D295)
*A Realidade Figurativa*
  Pierre Francastel (E021)

*A Tradição do Novo*
Harold Rosenberg (E030)
*Futurismo: uma Poética da Modernidade*
Annateresa Fabris (E094)
*Portinari, Pintor Social*
Annateresa Fabris (E112)
*A Imagem no Ensino da Arte*
Ana Mae Barbosa (E126)
*Fala Gestual*
Ana Claudia de Oliveira (E128)
*O Futurismo Paulista*
Annateresa Fabris (E138)
*O Significado da Pintura Abstrata*
Maurício Puls (E161)
*Lasar Segall: Expressionismo e Judaísmo*
Claudia Valladão de Mattos (E165)
*Escritos Psicanalíticos sobre Literatura e Arte*
Georg Groddeck (E166)
*Arte e Política no Brasil: Modernidades*
Artur Freitas; André Egg e Rosane Kaminski (orgs.) (E331)
*Marcel Duchamp: Ou o Castelo da Pureza*
Octavio Paz (EL13)
*Expressionismo*
R. S. Farness (EL46)
*A Dança do Sozinho*
Armindo Trevisan (EL48)
*Circularidade da Ilusão*
Affonso Ávila (EL54)
*Vincent Van Gogh: A Noite Estrelada*
Jorge Coli (EL59)
*Nefelomancias*
Ricardo M. de Azevedo (EL61)
*O Modernismo*
Affonso Ávila (org.) (ST01)
*Maneirismo*
Arnold Hauser (ST02)
*O Romantismo*
J. Guinsburg (org.) (ST03)

*Do Rococó ao Cubismo*
Wylie Sypher (ST04)
*O Simbolismo*
Anna Balakian (ST05)
*O Grotesco*
Wolfgang Kayser (ST06)
*Renascença e Barroco*
Heinrich Wölfflin (ST07)
*Estudos sobre o Barroco*
Helmut Hatzfeld (ST08)
*Classicismo*
J. Guinsburg (org.) (ST09)
*Barroco: Teoria e Análise*
Affonso Ávila (org.) (ST10)
*O Expressionismo*
J. Guinsburg (org.) (ST11)
*O Pós-modernismo*
J. Guinsburg e Ana Mae Barbosa (orgs.) (ST12)
*O Surrealismo*
J. Guinsburg e Sheila Leirner (orgs.) (ST13)
*Linguagem e Vida*
Antonin Artaud (PERS.)
*Fios Soltos: A Arte de Hélio Oiticica*
Paula Braga (org.) (PERS)
*Hélio Oiticica: Singularidade, Multiplicidade*
Paula Braga (PERS)
*Ctrl+Art+Del: Distúrbios em Arte e Tecnologia*
Fábio Oliveira Nunes (BB)
*Desenho Estrutural*
Onofre Penteado Neto (LSC)
*Vida-Valor-Arte I*
Onofre Penteado Neto (LSC)
*Vida-Valor-Arte II*
Onofre Penteado Neto (LSC)
*Dicionário Sesc: A Linguagem da Cultura*
Newton Cunha (LSC)

Este livro foi impresso na cidade de Cotia,
nas oficinas da Meta Brasil,
para a Editora Perspectiva.